不瞎忙，
不穷忙

哈佛时间管理课

崔智东◎著

中国财富出版社

图书在版编目(CIP)数据

不瞎忙, 不穷忙: 哈佛时间管理课 / 崔智东著.—北京: 中国财富出版社, 2016.8

ISBN 978-7-5047-6181-1

Ⅰ. ①不… Ⅱ. ①崔… Ⅲ. ①时间–管理–通俗读物 Ⅳ. ①C935–49

中国版本图书馆CIP 数据核字(2016)第 142651号

策划编辑 张彩霞	**责任编辑** 张　静	
责任印制 方朋远	**责任校对** 梁　凡　张营营	**责任发行** 张红燕

出版发行	中国财富出版社
社　　址	北京市丰台区南四环西路 188 号 5 区 20 楼　邮政编码　100070
电　　话	010–52227568(发行部)　　　010–52227588 转 307(总编室)
	010–68589540(读者服务部)　010–52227588 转 305(质检部)
网　　址	http: //www.cfpress.com.cn
经　　销	新华书店
印　　刷	北京柯蓝博泰印务有限公司
书　　号	ISBN 978-7-5047-6181-1/C·0205
开　　本	710mm×1000mm　1/16　　**版　次** 2016 年 8 月第 1 版
印　　张	16　　　　　　　　　　　　**印　次** 2016 年 8 月第 1 次印刷
字　　数	215 千字　　　　　　　　　**定　价** 38.00 元

前 言

Preface

1

哈佛大学，这所一向被称为"美国人的心脏"的全球著名学府，出色的并不仅仅是它历来培养出来的杰出学生，还有那些经过了岁月历练而沉积下来的各类管理理念，时间管理便是其中一项。

如果你曾经对哈佛出身的那些成功人士进行过仔细的了解，你便会发现，由于深得有效时间管理的益处，他们在时间管理的重要性上保持着惊人的一致认同：时间管理比战略、创新等那些表面上看起来更为炫目、更为新颖的管理议题更加重要。

2

时间对每个人都是公平的，不论富人或穷人、男人或女人、聪明的或愚笨的，摆在你面前的时间每天都是24小时，总统和乞丐的生命都是同一单位。但时间也有不公平的一面，那就是有人懂得珍惜，有人熟视无睹。

对时间的挥霍是一种最大的浪费，我们无法回过头去找到我们曾经无意中浪费掉的哪怕是一分钟的光阴。"时间就像海绵里的水，只要愿意挤，总会有的。"可惜在大多数情况下，珍惜时间只是一种美好的愿望，大量的宝贵时间不知不觉中从我们身边流失了。于是，我们常常听到有人慨叹："我很忙！""我没时间！"

一首《时间都去哪儿了》红遍了大江南北——人们不禁追问，是谁偷走了我们的时间？

其实，忙，本是工作状态，但为了得到上司的肯定，不少人成了"装忙族"；也有一些人是真忙，但他们的"忙"效率不高，对工作的实际意义不大，基本上可以称之为"瞎忙"，这种人也被称为"瞎忙族"。

而不管是"装忙族"还是"瞎忙族"，他们都表示，其实心里很茫然。

这时候，我们需要的是时间管理。时间管理对于每一个人来说都非常重要，提高效率，才可能创造出更多的成功机会。

3

德鲁克在《哈佛商业评论》上，以丰富经历非常肯定地对世人说："我还没有碰到过哪位管理者可以同时处理两个以上的任务，并且仍然保持高效。"

想要做好时间管理，最重要的是要让自己清楚地知道什么是重要的、必须做的任务，也就是说，哪一件事情是可以用来衡量自己绩效的标准，哪一件事可解释为"我能够为组织做什么贡献"。问题的解决办法是，找出目前最重要的一件事，然后竭尽全力去做好它。

据说，比尔·盖茨每年会有几周时间处于完全的封闭状态，完全脱离日常事务的烦扰，思考一些对公司、技术非常重要的问题。可见，对于管理者而言，最好的方法也就是在某一天把办公室门关上，拔掉电话线，把其他事情都推到一边，尽可能避免那些小小的麻烦，好好地进行一次自由的思考。

一个成功的时间管理者，他的高明之处在于，不仅能很好地安排好自己的时间，还能有效地遵守工作时间，不让任何一个计划或时间表变得毫无价值。

台湾著名作家刘墉也非常珍惜时间，他还教育子女要善于利用时间。他认为，日常生活中有些事情是我们必须做的，有些是不必做的，有些则是可做可不做的。在生活中，有很多事情是我们不愿意去做的，所以，有些时候，我们要学会拒绝，养成保护有限时间的习惯。

……

本书所涉及的方法简单易行、科学可靠，它们都是哈佛的学者、智者、各界成功人士经过大量的实践应用之后总结而成的宝贵经验。时间管理，并不是要用最短的时间去做最多的事情，而是要学会在正确的时间做正确的事情，让人生的分分秒秒都过得充实而有意义。

本书将告诉你便利的时间管理方法——不瞎忙，不穷忙，忙到点子上！同时，本书也会帮助你平衡工作与生活，培养良好的生活习惯，使你更有活力，从而更快、更好地遇见心想事成的自己。

目　录

Contents

第一章

瞎忙穷忙，
统统看起来很"忙"

1.你真正需要的只有时间

时间是每个人最珍贵的财富，只有善于有效利用和管理自己时间的人，才能在有限的人生中获得最大的进步和更多的突破。

荣恩是一家小书店的店主，他是一个十分珍惜时间的人。

一次，一位客人在他的书店里选书，他逗留了一个小时才指着一本书问店员："这本书多少钱？"

店员看看书的标价说："1美元。"

"什么？这么一本薄薄的小册子，竟然要1美元？!"那个客人惊呼起来，"能不能便宜一点？打个折吧。"

"对不起，先生，这本书就要1美元，没办法再打折了。"店员回答。

那个客人拿着书，看上去十分喜欢，但他还是觉得书太贵，便问道："请问，荣恩先生在店里吗？"

"在，他在后面的办公室里忙着呢，您有什么事吗？"店员奇怪地看着那个客人。

客人说："我想见一见荣恩先生。"

在客人的坚持下，店员只好把荣恩先生叫了出来。见到荣恩后，那位客人再次问："这本书的最低价格是多少？"

"1.5美元。"荣恩先生回答。

"什么？1.5美元？我没有听错吧，可刚才你的店员明明说是1美元。"客人诧异地问道。

"没错，先生，刚才是1美元，但是你耽误了我的时间，这个损失远远大于1美元。"荣恩毫不犹豫地说。

那个客人脸上一副掩饰不住的尴尬表情。为了尽快结束这场谈话，他再次问道："好吧，那么你现在最后一次告诉我这本书的最低价格吧。"

"2美元。"荣恩面不改色地回答。

"天哪！你这是做的什么生意，刚才你明明说是1.5美元。"

"是的，"荣恩依旧保持着冷静的表情，"刚才你耽误了我一点时间，而现在你耽误了我更多的时间。因此，我被耽误的工作价值也在增加，远远不止2美元。"

那位客人再也说不出话来，默默地拿出钱放在柜台上，拿起书离开了书店。

荣恩先生既做成了这本书的买卖，又教那位客人学会了一课，就是"时间财富"。

一个人的成就取决于他的行动，而一个人的行动和他支配时间的能力是成正比的。如同巴尔扎克说的："时间是人所拥有的全部财富，因为任何财富都是时间与行动化合之后的成果。"

法国著名科普作家凡尔纳每天早上5点钟就会起床，然后一直伏案写到晚上8点。在这15个小时中，他通常只在吃饭时休息片刻。但他并不会与家人坐在一起吃饭，通常都是妻子给他送到他写作的地方，他搓搓酸胀的手，拿起刀叉，以最快的速度填饱肚子，然后抹抹嘴，继续拿起笔工作。

他的妻子看他如此辛苦，非常心疼地问："你写的书已经不少了，为什么还抓得那么紧呢？"

凡尔纳笑着说："你记得莎士比亚的名言吗？放弃时间的人，时间也会放弃他。哪能不抓紧呢？！"

在40多年的写作生涯中，凡尔纳记了上万册笔记，写了104部科幻小说，共有七八百万字，这是一个相当惊人的数字。一些感到惊异的人悄悄地询问凡尔纳的妻子，想打听凡尔纳取得如此惊人成就的秘诀。凡尔纳的妻子坦然地说："秘密嘛，就是凡尔纳从不放弃时间。"

富兰克林，美国著名的科学家，《独立宣言》的起草人之一。曾经有人问他："您怎么能够做那么多的事情呢？"

富兰克林笑笑说："你看一看我的时间表就知道了。"

下面就是富兰克林的时间表：

5点起床，规划一天的事务，并自问："我这一天要做好什么事？"

8点至11点，14点至17点，工作。

12点至13点，阅读，吃午饭。

18点至21点，吃晚饭，谈话，娱乐，回顾一天的工作，并自问：

"我今天做好了什么事？"

朋友劝富兰克林说："天天如此，是不是过于……"

"你热爱生命吗？"富兰克林摆摆手，打断了朋友的话，"那就别浪费时间，因为时间是组成生命的材料。"

在这个世界上，你真正拥有而且极度需要的只有时间，时间在生命中是如此重要，而许多人却日复一日地花费大量时间去做无聊的事。

失去的财富可以通过厉兵秣马、东山再起而赚回；忘掉的知识可以通过悬梁刺股、勤奋努力而复归；失去的健康可以通过合理的饮食和医疗保健来改善；唯有时间，流失了就永远不会再回来了。

2.瞎忙——没有准备，一切努力都白费

哈佛智者认为：准备的程度决定着你前进的距离，走在最前面的，总是那些有准备的人。

一位勤劳的伐木工人被命令砍伐100棵树。接受任务以后，他毫不拖延地投入到了工作当中，每天工作10个小时。可后来他发现，自己砍伐的数量一天比一天少。他想，一定是自己工作的时间还不够长，于是，除了睡觉和吃饭以外，其余的时间他都用来伐树，一天要工作12个小时。但他每天砍伐的数量依然有减无增，他陷入了深深的困惑之中。

一天，他把这个困惑告诉了主管，主管看了看他，又看了看他手中的斧子，若有所悟地说："你是否每天都用这把斧子砍树？"

工人认真地回答道："当然了，没有它，我什么都干不了。"

主管接着问道："那你有没有磨过这把斧子？"

工人回答："我每天勤奋工作，砍树的时间都不够用，哪有时间去干别的？"

听到这里，主管说："这就是你伐树数量每天递减的原因。虽然你的工作热情很高，但你连工作必需的工具都没有准备好，又怎么能提高工作效率呢？"

在我们身边，有很多人像这个伐木工人，没有意识到必要的准备能使工作变得更简单、便捷。要知道，在信息时代的今天，不磨刀就等于没有刀！

在企业中，总是有50%的指令被变通执行或打了折扣执行；30%的指令有始无终，最后不了了之；15%的指令根本没有执行。也就是说，实际上只有5%的指令真正发挥了作用，问题的关键就在准备上。

现在，让我们看一看3个员工对待同一个指令的3种不同的结果。

某家大型企业集团的采购部经理脾气暴躁，傲气凌人，许多想向他推销产品的业务员都碰了钉子。有一次，他到某个城市出差，一个办公设备生产企业的销售主管知道后，决定派员工A去拜访他，想把自己企业的产品推销出去。由于这位经理只在这个城市停留一周，所以销售主管希望能在他回去之前草签一个合作意向。A接到任务后，心想：这个经理不好打交道是出了名的，许多公司的人都被他整得下不了台，给的时间又这么短，我肯定完不成任务，不如想个办法躲过去。于是，他第二天并没有去宾馆拜访这位经理，而是在家舒舒服服地休息了一天。第三天一早，他回到公司对主管说："咱们得到消息太晚了，他已经和别的公司签订了合同，这个客户，我们只能放弃了。"

主管听说后感到非常失望，但又不甘心丢掉这个大客户，于是决定再派员工B去试试。B接到任务以后，什么也没有说，直接把要推销产品的简介往包里一塞，在10分钟之后就赶到了采购经理所住的宾馆。他直接来到了经理的房间，敲开门后马上开始介绍自己的产品。谁知，采购经理有午睡的习惯，被B吵醒后已经非常愤怒，哪里有心情听他说什么，一通臭骂就把B赶了出去。B并没有泄气，他在宾馆的大堂里坐下，想等经理下来吃晚饭的时候再向他展开攻势。但经理因为被人打搅了午睡，整个下午都昏昏沉沉的，到了晚上根本没胃口，早早就休息了。可怜B在大堂里一步也不敢离开，一直等到晚上10点才饿着肚子回去。

第二天早上，当B带着失败的消息回到公司后，销售主管已经不报什么希望了。正当他准备放弃的时候，突然看到了刚进公司没几天的C。主管想：反正已经没希望了，不如让C去碰碰运气，就当是锻炼新人吧。于是，C又接到了这个任务，而这时距采购经理离开的时间只剩下3天。C并没有急着去宾馆，而是通过各种渠道详细了解了一番采购经理的奋斗历程，弄清了他毕业的学校、处事风格、关心的问题以及剩下这几天的日程安排，最后还精心设计了几句简单却有分量的开场白。

这些准备工作用了C一天的时间，到了第二天早上，C还没有去宾馆，而是回公司整理了一个小时的资料，把公司产品和竞争对手的产品进行了详细比较，并将能突出自己产品优势的地方全都列了出来，然后把那位采购经理对产品最关注的耐用性、售后服务等关键点进行了非常具有诱惑力的强化。因为他已经查明，采购经理今天上午有一个简短的约会，要到十点半才回去，所以做这些准备工作在时间上来说是绰绰有余的。C在十点一刻到达宾馆，在通向经理房间必经的电梯旁等候。十点半，采购经理回到宾馆后直接上了电梯，C也马上跟了进去，从经理最感兴趣的话题开始，很快就得到了去经理房间喝咖啡的邀请。后来的事就很简单了，采购经理一次就定购了这家公司一个季度的产品量，并且签订了正式合同，甚至在他临走的那一天，这笔业务的预付款就已经到达了C所在公司的账户。

像A这样的企业职员其实是很"聪明"的，可惜用错了地方。他缺少直面困难的勇气，也不愿意自我反省，根本无法独立自发地做任何事，只有在被迫和监督的情况下才工作。在他看来，敬业是老板剥削员工的手段，忠诚是企业欺骗下属的工具，为任何一项工作精心做准备对他来说更是一种奢望。这样的人，你怎么能指望他成为一个高效的执行者呢？可以确信的是，他离被公司扫地出门已经不远了。

但像B这样的员工恐怕也无法使企业感到满意。你不能说他不主动、不积极，他也不缺乏工作的热情和牺牲精神，不过，在他身上还缺少一种很重要的东西，就是准备。他在接受任务之后根本没有考虑对方是一个什么样的人，最关心产品的哪些方面，现在这个时间去拜访是否合适。正是在这些方面的疏忽，使他的执行变得毫无价值，还挨了一顿臭骂。

那么，在C身上，我们看到了什么？当然是在充分准备后所表现出的高效、高质的执行力，这也正是目前被人们忽视最多的职业品质。面对其他同事都解决不了的难题，他没有畏难情绪，将困难一推了之，也没有仓促行动，而是有条不紊地从准备工作开始，一项项地落实到位，从拜访的时间、开场白、对方的办事风格，一直到产品优劣势的分析、调研……任何一处都体现了一个高效能员工的职业素养。

只有充分的准备，才能使企业的命令得到切实、全面的执行；只有充分的准备，才能使每一个行动变得有价值；只有充分的准备，才能使企业的每一名员工成为高效能的执行者。

想成为高效能的执行者吗？那就别再犹豫，马上开始准备吧！

3.穷忙——你只是看上去很努力

哈佛智者认为，很多时候，我们只是在"穷忙"。有时候，你也意识到了时间的重要性，你也有明确的目标，并且为之十分努力，但依旧收效甚微。原因何在呢？你应该反思：你每天努力的事情究竟有多大的意义？

举个例子，一名销售员早上来到办公室，按照工作安排，他应该在上午给十多个客户打回访电话，然而，整个上午，他都在翻阅资料、收集信息，中间上过几次厕所，喝过几次水，和同事聊了会儿天，也打过几次电话，不过说的都是鸡毛蒜皮的小事。很快就到了午饭时间，他决定把给客户打电话的工作挪到下午，即便他知道会议和制作提案已经占满了下午的行程。快下班的时候，他忙着整理会议记录，上交当日的工作报表等，做完这些后，办公室的同事已经收拾东西准备下班了。在最后关上电脑准备离开办公室的那一刻，给客户的电话依然没有打，因为已经"没有时间"了——他要下班了，那些工作就留到明天再做吧！

如果你能有意识地把自己做的无用功减到最少，那么，你的这一生肯定会更有意义。

下面的建议不是万能的"灵丹妙药"，但可以给"少穷忙"提供一些有益的参考：

（1）知道每件事要达到的目的再去做。

我们清楚地知道，吃饭是为了不饿，喝水是为了不渴，睡觉是为了不困，但很多时候不知道工作是为了什么。别人说做什么就做什么，别人说怎么做就怎么做，从来不去思考为什么要这么做。因为目的不明确，所以做了很多费力不讨好的事情。

一个工程施工中，师父正在紧张地工作着，徒弟在旁边学习。这时，师父对徒弟说："去，给我拿一个改锥来，我要……"还没等师父说完，徒弟一溜烟就去了工具间。

师父等啊等，过了很久，徒弟才气喘吁吁地回来，手中拿着一个大号的改锥，说："改锥真不好找啊！"

师父一看，生气地说："谁让你拿这么大的改锥了？"徒弟很委屈，心想：我又不知道你要改锥干什么，这难道不是一把改锥吗？害得我白白跑一趟。

"再去拿把小的来！我要固定这个螺丝钉！"师父一边说，一边把小小的螺丝钉递给徒弟看，徒弟只得再跑一趟。

想想，我们的工作中是否也经常出现这样的情景？老板让你写个材料，你辛辛苦苦完成后交给他，他却告诉你，不是他想要的；同事邀你一起去参加一个会议，花了一整天的时间，你却发现这个会议跟你毫无关系。

其实，一件事有很多种做法，目的不同，做法也不同。这个徒弟跑来跑去，做事讲究速度，却毫无效果。如果他在拿改锥前先听师父把话说完，或者自己主动问师父需要多大的改锥，用来做什么，他也就不需要回来多跑一次了。要知道，高效率的无用功比低效率的有用功更可怕。

一件事，我们只有明白了为什么去做，才知道如何高效地把它做好。

（2）第一次就把工作做好。

你经常会碰到一些别人让你去做而你又不感兴趣的事，也经常碰到你需要去做但没有时间或懒得做的事。对于这些事，你经常会先凑合着做，遇到问题会放一放，希望哪一天自己有了兴趣、灵感和时间的时候再去做，或者等别人发现了其中的不妥，再去修改和完善。而实际上，等你再次面对这类问题的时候，你却发现自己还是跟以前一样没有兴趣和时间，而且更没有了开始做的心境。

所以，做事千万不要敷衍，要么不做，要么就一次把它做好。

海峰办公室里的复印机总是卡纸，老板让他找人修理一下。经过修理人员的检查，发现原来是搓纸轮老化造成的。修理人员更换新的搓纸轮后，复印机可以正常运转了，但修理人员发现复印机的定影器也有点问题，问海峰是否需要更换一个新的。

海峰认为既然复印机已经修好了，就没必要再动别的零件了，再说自己下午还有别的事要办，没有时间陪他们修这个。他心想：等有了问题再说吧！于是，就打发修理人员快走。修理人员走时，对他说："现在不换，过一两个月，你还是得换！"

一个月后，当老板复印一份重要文件的时候，发现复印机居然彻底不工作了。他大发雷霆，叫来海峰："你是怎么办事的?! 上个月才修了一次，现在就不能用了！上次修的时候你彻底检查了吗？"

海峰想起了上次修理人员的提醒，觉得理亏，马上打电话让修理人员过来，可对方说太远，而且连续几天的工作都安排满了，如果他着急的话，只能他自己把机器拉过去。海峰只得灰头土脸地找出租车，找人搬机器……

第一次能解决的问题，他没有重视，非要等到问题又出现了才去解决，最后不仅累了自己，还给领导留下了个"做事靠不住"的印象。

如此看来，第一次就把事情做好也是一种智慧。无论是学习还是工作，第一次把事情做对，代价最小，收效最大。所以，在工作中，你应该时刻这样提醒自己：能做到最好就不要做到差不多！

当然，人非圣贤，在工作中难免会出一些错误，有一些过失。这里说的"第一次就把事情做好"是指一种追求精益求精、力求完美的工作态度。一个人如果在做事前就抱着"犯点错没关系""有误差很正常""等有了问题再说"的态度，他是绝对做不好一件事的。

4.越忙越抓狂——掉进时间"黑洞"

不停地规划和催促自己，追求完美，凡事做得井井有条，对信息保持着高度敏感，经常大量阅读资讯……这些看起来很好的时间管理习惯，其实都有它的不足，甚至反而是时间管理的误区。

人并不是把工作表安排得越紧张，做事越多、越完美就是好的。

A是个大忙人，常常不停地列出做事清单、更新清单，并且记录自己每个小时工作的完成情况，不肯浪费一点时间。但是，他这么做常常搞得自己和周围的人都非常紧张，这让他感到很困惑。

"'看表式'的极端时间管理会使人们的每项活动都了无生趣——我们需要的是'掌控时间'，而不是'紧握时间'。"美国著名时间管理专家阿兰·拉金说，"千万别叫我效率专家，我所关注的是'效能'！"拉金关注的是：你是否做出了正确的选择，而不是一味求快、求多。

注意拉金说的效率与效能的差别：虽然讲求效率是一件好事，但讲究效能的人会把注意力放在选择上——选择最重要的事情来做，选择采用哪种最有效的方式来做，而不是关注做事的频率是否最快。

B是个追求完美的人，事事都会安排得井井有条，事情如果做得不够完美，在他眼里便很难过去。有不少人夸他这个优点，但他说，其实这样很累，但做事业不追求完美，便很难有收获。

做事讲求完美确实是优点，这体现了一个人的素质，不是所有人都能有这样的自我要求。但问题是：不是所有事情都值得追求完美，而且多数事情是不值得的——"二八定律"告诉我们，多数情况下，是20%的事情决定着80%的结果，而并不需要所有事情都十全十美。在处理那些能够产生80%价值的工作的时候，你确实应该追求完美，但是对更多并不是当前最重要的事情，则需要适可而止、适时而止。人的时间和精力有限，生活也不全是工作，要将更多的时间、精力放在最重要的20%的事情上。

C常常为信息不足而感到不安，比如经济、政治、社会各方面最新的信息、企业内各层级的信息、行业信息、竞争对手的信息等。C始终对这些信息保持敏感，大量吸收信息，但他渐渐发现，自己面对的信息实在太泛滥了，有用没用的，各种各样的信息充斥着他的大脑，反而使他缺少了思考、体验的时间。

在这个信息泛滥的时代，我们要养成经常清除不需要的信息源的习惯。比如：对于订阅的电子文件、刊物，或者习惯性常看的网站，试试几周不看它们，观察一下自己的工作、生活有什么改变。如果你并不怀念它们，这说明这只是个习惯了的阅读负担，不如把它们从信息源里除去。

对于书籍，如果是一年以上没有碰过的，你就得考虑将它收起来了，不要把它放在你工作的地方，那会分散你的注意力。

很多管理者已经人到中年，对办公技术的应用并不是太敏感，有些甚至会很排斥，他们认为自己对现在的工作方式已经相当熟悉了，很多事情有秘书帮忙处理就行了，用不着那么多的技术设备，也用不着去熟悉一些新的软件。但事实上，许多办公上能应用的技术会替管理者省下相当多的时间。正所谓"工欲善其事，必先利其器"，我们工作时，其实多数时间是在跟杂事打交道，而非时时刻刻都在做重要的决策，所以，如果你愿意多学习、多掌握一些新的应用技术，对节省时间会有很大的帮助。

比如，学习电脑应用软件，对提高效率、解放自己的时间大有帮助；数据库软件可以帮助你保存资料，高效地提取资料；网络在线交流技术能减少很多需要大家聚在一起开会讨论的事情；一些新的学习软件能让很多以前让人望而却步的学习项目重新启动。

E接到老客户的电话，要第二天下午去谈一下采购的事情，E很高兴，也像多数人一样安排了时间——打算第二天上午和助理用两个小时准备资料。

但第二天早晨，在准备资料前，他接到了另一个客户打来的电话，抱怨以前定的一些产品还没有送到。E虽然客户很多，但哪个都不能得罪，这个问题必须立刻处理。一段时间过去，助理也白白浪费了这部分时间。

终于解决了这个客户，可以准备材料了，但E忽然想起，最近一个厂家可以提供一款新产品，很适合这个客户，但新产品的资料并不能马上发到，于是E把助理催得紧张不已，原来的资料都没准备好……

E的问题出在没有在接到事情时用十几分钟立刻做"业务分解"。

如果他当时就对事情进行了"分解"，就会发现自己准备的事情并不是一件，而是多件：当时就该安排助理立刻给客户回电话，问清更具体的信息；自己立刻联系需要合作的厂家，让厂家把资料和成功案例发来；提前告诉助理相关客户的情况，让助理提前准备，随时备用……

这样，即使第二天上午的时间被其他客户临时占去一部分，仍然有足够的时间把准备工作出色完成。

"业务分解"是一个好习惯，虽然需要提前投入十几分钟，但相对于事后的混乱，这十来分钟的提前投入绝对是值得的。

5."无聊"——随意挥霍时间

"好无聊啊！""真没意思，不知道干什么！"你是不是经常发出这些信息？

我们不妨作一个关于生命时间的计算：

假设一个人能活80岁，每天睡觉8个小时，一生将有233600个小时用在睡觉上，大约是9733天，合26年7个月，那么，这个人还剩下53年5个月的时间去做其他的事情。

假设他每天吃早、午饭各用去30分钟，吃晚饭用1个小时，这样，每天用于吃饭的时间就是两个小时，80年将在吃饭上用掉58400个小时，合2433天，相当于6年7个月，那么，这个人还剩下46年10个月。

假设这个人每天用于个人卫生的时间是1个小时，80年又将用掉3年4个月，这样，还剩下43年6个月的时间。再减去每天用于休闲、娱乐的时间是3个小时，80年将耗掉87600个小时，也就是整整10年的时间。那么，这个人还剩下33年6个月的时间。

再假设他每天在上班途中、购物上用的时间为3个小时，80年就意味着另外一个10年的耗费，这样只剩下了23年6个月的时间。再减去他每年用在旅游、度假、生病等事情上的时间为15天，那80年就是1200天，也就是3年3个月，这样还剩下20年3个月。

这样算下来，一个寿命为80岁的人，大约只有18年1个月的时间用来投身自己喜欢的事业。

所以，一个人一生的时间并不是很多，一寸光阴一寸金，寸金难买寸光阴。所谓的"穷忙族"，可能比任何人都更忙碌，工作也更辛苦，但却忙得没什么价值，这种"忙"，本质上其实就是对时间的随意挥霍。对时间进行一下有效控制，或者说有效管理，你就会"忙而不穷"。

商界精英鲍伯·费佛的每个工作日里，一开始的第一件事就是将当天要做的事分为三类：第一类是所有能够带来新生意、增加营业额的工作；第二类是为了维持现有的状态，或使现有状态能够持续下去的一切工作；第三类则包括所有必须去做，但对企业和利润没有任何价值的工作。

在完成所有第一类工作之前，鲍伯·费佛绝不会开始第二类工作；在第二类工作全部完成之前，他也绝不会着手进行任何第三类的工作。"我一定要在中午之前将第一类工作完全结束。"鲍伯这样给自己规定，因为上午是他认为自己最清醒、最有建设性的时间。

"我必须坚持养成一种习惯：任何一件事都必须在规定好的几分

钟、一天或一个星期内完成。每件事都必须有一个期限。如果坚持这么做，你就会努力赶上期限，而不是无休止地拖下去。"鲍伯说这便是期限紧缩的真正价值。

有多少人能像鲍伯·费佛这样，做时间的主人？高尔基曾说过："人从他出生的那天起，就一天天接近死亡。"人的一生是有限的，时间总是在不断减少和失去，你无法创造，也无法花钱去买。在日常生活中，人们常说自己花了多少时间去做某件事。而实际上，时间恰恰比任何商品都更有价值，它是无价的。

6.浪费时间——做事三分钟热度

对于很多以"兴趣"为主的人来说，他们通常都有着率性而为的习惯。很多时候，他们想到什么事就会立刻动手去做，从来不会衡量孰轻孰重，造成了做事情三分钟热度。

小米从小到大的志愿总是不停地改变。小学时，他想当一个又帅又酷的运动员，便参加了校内田径队选拔，侥幸通过了，却因为每天必须比别人早半个小时到学校训练而退出。对他来说，还是多赖床一下比较实际。

初中时的英文老师年轻又美丽，激发了他学英文的兴趣，他还发出了要当外交官的豪言壮语。但随着越来越多的单词和短语要掌握，还有玩乐与同伴的诱惑，他连英文发音都没学好，更别说搞懂似乎永无止境的时态变化了。

到了高中，小米想开一间位于海边的浪漫咖啡厅；再后来是正义化身的律师，还有画家、音乐家、医生等各行各业，他全在脑子里从事了一遍。小米常常同时展开多项兴趣与学习，周一熬夜练吉他和弦，周三却决定改练萨克斯风的指法，因为练吉他让他的手指痛得睡不好。

上了大学以后，小米被一堆科系搞得眼花缭乱。最开始，他选择了化学系，但发现一堆方程式和原文书真是要了他的命。接着，他转系读了商学院，但又觉得枯燥乏味。最后，小米决定休学工作，因为他觉得与其待在学校学一堆没有用的知识，不如早点步入社会，早点赚钱养活自己更加实际。

走上社会后，小米的工作换了一个又一个。上班族要看老板脸色，有时同事又难相处；服务业要看客人脸色，赚的又不是自己的，不如自己做老板；自己当了老板后，才发现生意难做，要管的事情又多又烦琐，没过多久，他将店铺顶给了别人，草草结束了经营。

午夜梦回，小米回想自己的过去，发现"坚持"一直都是自己所欠缺的。他对于任何事情总是仅仅保持着三分钟热度，遇到困难就退缩，因此，才会到现在还一事无成。

有些人，只要在做事情的过程中遇到任何阻碍，或是需要花费大量时间、经历去解决问题，他们就会立刻懒散起来，有些人甚至会干脆放弃，另外找一个"更有兴趣"的事情重新开始。

大多时候，我们的工作或所就读的专业并不是我们真正感兴趣的，因此，除了正职以外，每个人都会有自己的兴趣，也就是休闲生活。

有些人觉得兴趣就是休闲，只在想到的时候从事这项活动，而这样的人往往会一个兴趣换一个兴趣，他们有时候打保龄球，有时候练高尔夫，而大多时候，他们只是窝在家里的沙发上看电视里的运动赛事转播。这类人对于所有的兴趣都略知一二，却无一专精。

或许，有些人会认为："这只是兴趣而已，干吗要这么认真？"但我们必须知道，在培养兴趣专精度的同时，也是在训练自己在工作或学业上的专精度。

许多成功的人，他们专注于兴趣，并以此为乐，甚至在这项兴趣上的成就已经超越了自己的正职工作。最后，他们将兴趣化为工作，得到成功的同时也享受了人生的美好。

当然，我们并不是非得在某项兴趣上有成就不可，这就会给自己增加过多的压力。我们首先要做的是试着找出自己真正的兴趣，并为自己在这项兴趣上的成就设定一个目标。比如，你的兴趣是英文，就为自己设定一个"英语检定考"的目标。

在一开始接触这项兴趣时，应先为自己订立"阶段性目标"。以刚才提到的英文为例，我们先将"考过四级考试"订为阶段性的兴趣目标，当目标达成时，你可以停止这项兴趣，因为届时你可能会发现自己并不是那么想要继续深造下去。那么，完成任务时，你就可以另寻兴趣之所在了。

因此，要改变三分钟热度的懒惰基因，请试着一次只做一件事，并专注于这件事，直到你完成阶段性的目标为止。

做任何事情时都必须坚持且专注在其中，然后发掘自己真正的兴趣所在，试着在兴趣上培养专注力，为兴趣制订出阶段性目标，并努力达成这个目标。

我们必须了解，所谓的"一次只做一件事"，并不是指"每次只能做一件事"，而是"坚持且专心地做一件事"。现今的社会步调快，有很多人的工作或是学业都十分繁忙，但是，还是有些人即使面对再多的事情都能够游刃有余。如果我们仔细观察这些人做事情的态度与方法，就会发现，他们在做事情的过程中总是十分专注。

7.拖延——对生命最大的浪费

深夜，一个危重病人迎来了他生命中的最后一分钟，死神如期来到他的身边。在此之前，死神的形象在他的脑海中几次闪过。他对死神说："再给我一分钟好吗？"

死神回答："你要一分钟干什么？"

他说："我想利用这一分钟看一看天，看一看地。我想利用这一分钟想一想我的朋友和亲人。如果运气好的话，我还可以看到一朵绽开的花。"

死神说："你的想法不错，但我不能答应。这一切都留了足够的时间让你去做，你却没有像现在这样去珍惜。你看一下这份账单：在你60年的生命中，你有1/3的时间在睡觉；剩下的40年里，你经常拖延时间；你感叹时间太慢的次数达到了10000次，平均每天一次。上学时，你拖延完成家庭作业；成人后，你抽烟、喝酒、看电视，虚掷光阴。我把你的时间明细账罗列了一下：你做事拖延的时间从青年到老年共耗去了36500个小时，折合1520天；做事有头无尾、马马虎虎，使得事情不断地重做，浪费了大约300多天；因为无所事事，你经常发呆，经常埋怨、责怪别人；你利用工作时间和同事聊天，把工作丢在一旁无所顾忌；你参加了无数次没有用心、令人昏睡的会议，这使你的睡眠时间远远超出了20年；你也组织了很多类似的无聊回忆，使更多的人和你一样睡眠超标；还有……"

说到这里，这个危重病人便断了气。死神叹了口气说："如果你活着的时候能节约一分钟，你就能听完我给你记下的账单了。哎，真可惜，世人怎么都是这样？还不等我动手就后悔死了。"

有一个著名的美国将领名叫乔治·布林顿·麦克莱伦，他曾是西点军校优等生。科班出身的他善于充分准备，在南北战争时期，由于系统改造了北方军队的后勤使他名声大噪，最后被提拔为北方军总司令，还被誉为"小拿破仑"。

可是，这名新任将军在其后屡次被"不打无准备之仗"的理念所拖累。先是以准备不充分为由拒绝进攻而与总统闹僵，后来又由于过分谨慎不愿追击多次丧失胜利的机会。

1862年，在美国南北战争一次决定性战役"安提坦战役"中，有一个绝佳的机会可以夺取里士满，但他犹豫再三，认定自己被南方军堵截而失去了机会。之后，他再度踌躇不决，最终在兵力两倍于敌军的情况下错失全歼南方军队的机遇，战争因此又被拖了3年才宣告结束。

他永远都在请求林肯给他新的武器，永远觉得没有足够的士兵，士兵们永远都不够训练有素，装备永远不够精良。林肯曾抱怨说："如果麦克莱伦将军不想好好用自己的军队，我宁愿把他们都借给别人。"联邦军总将军亨利·哈列克则认为："他有一种超越任何人想象的惰性，只有阿基米德的杠杆才能撬动这个巨大的静止。"这一切摧毁了军政界对麦克莱伦的信任，最终使他被众口交贬，解除军职。

喜欢拖延的人往往意志薄弱，他们或者不敢面对现实，习惯于逃避困难，惧怕艰苦，缺乏约束自我的毅力；或者目标和想法太多，导致无从下手，缺乏应有的计划性和条理性；或者没有目标，甚至不知道应该确定什么样的目标。另外，认为条件不成熟，无法开始行动，也是导致拖延的原因之一。

对每一个渴望有所成就的人来说，拖延是最具破坏性的，它是一种最危险的恶习，会使人丧失进取心。一旦开始遇事推脱，就很容易再次拖延，直到变成一种根深蒂固的习惯。

拖延者喜欢被动地制造借口来取代合理的行动，还喜欢制造借口来为拖延分辩，或者把它掩饰过去。

事实上，生活永远不会令人百无聊赖，但现实生活中，很多人总感到一种无聊和厌倦。这很大程度上是因为你未能积极有效地利用自己现在的时间。拖延时间的人往往虚度光阴、无所事事，这样的生活状态必然让你感到厌倦。仔细想想，你手头上的很多工作都压在桌上，你的身体逐渐发胖却毫无办法，你对这个城市一直心存反感，每天忙忙碌碌却丝毫体会不到人生的乐趣，这样的生活状态你能不厌倦吗？之所以如此，是因为拖延的你总是忙于逃避痛苦而不是追求真正的快乐。

测试：谁偷走了你的时间

检查一下你的工作方式和可能受打扰的因素，看看自己在什么地方浪费了太多时间。请根据你的实际情况，按照以下标准进行打分，并记住相应的得分。

几乎总是0分

有时是这样1分

大多数是2分

几乎没有3分

（1）电话时常打扰我，通话时间比较长。

（2）不速之客常常影响我，让我不能专心于自己的工作。

（3）讨论时间通常比较长，而我从中受益很少。

（4）由于常常屈从于压力，我才遵守我的时间表。因为有些事情难以预料，或者我打算做的事情太多了。

（5）没有明确的先后顺序，我总是想着一口气就把工作完成。我常常被琐事所困，不能集中精力做最重要的工作。

（6）有的工作时间紧迫，任务繁重，所以我总是觉得很难完成任务，故而总是拖延，或者从来没有完成过，因为我总是静不下心来。

（7）我办公桌上的文件堆积如山，回复与阅读需要很多时间。

（8）与他人缺少沟通，信息交流迟滞，误解甚至摩擦时有发生。

（9）当别人向我寻求帮助时，我很难拒绝他们，即使我还有自己的工作要完成。

（10）我常常做一些其他人也可以做的事情，而没有授权给别人做。

（11）在我的生活中，工作与个人的目的性不明确，每天毫无意义地工作、生活。

（12）有时，我缺乏自律，难以实现自己的计划。

根据自己的回答，计算一下所得的分数，看看自己的分值是多少。

0~17分：你没有任何时间观念，既不能驾驭自己，更不能有效地领导别人。时间管理可以使你开始崭新、成功的生活。

18~24分：你努力控制自己的时间，但是方法不对，而且不能长久地坚持下去，所以总是不能成功。

25~30分：你的时间管理进行得还不错，但你可以做得更好。

31~36分：祝贺你，你有很好的时间管理能力，是别人学习的典范。你可以把自己的经验与别人分享，同时，你也要坚持把时间管理继续下去。

第二章

目标先行，
有计划就不会瞎忙

1.没有清晰的目标，很难管理好时间

哈佛智者认为：无论是在生活中还是在工作中，你都应该清楚自己的目的和目标。这话听起来非常简单，但是，在实际的生活和工作中，你很难获得必要的清晰度。可是，对于你来说，清晰的结果会使你的时间管理变得越来越自然、越来越容易，你将不再困惑于不明确的目标问题，那可能是所有人最常遇到的时间管理问题。

利兹·克林顿在全球最大的结算银行之一米德明斯特银行的员工培训部工作。她于一年前加入了一个由大约40名训练者组成的工作小组。该小组的目的是为了给经理人和管理者提供一个更全面的培训服务。

然而，计划课程被取消，没能吸引足够多的参与者让她觉得非常受挫，她经常对经理抱怨道："我觉得我们正在浪费许多时间，我们不知道我们的目标是什么，我们正在尽力做什么。我感觉自己好像失去了方向，就像是在黑暗中工作。"

她的经理回答道："我也有这样的感觉。在董事长的办公室里，他们不断地改变我们的优先权。这个月是我们的客户服务月；上个月，他们在进行信息技术方面的培训。我们已经实现了一些目标，但是，没有人告诉我此刻应该干什么，没有人给我策略或指导方针。因此，利兹，我不能帮助你。"

利兹·克林顿若有所思地离开了。那天晚上，她告诉她的丈夫："亲爱的，我现在甚至不能确信我此刻是否适合眼前的这个工作。"

随着热情的渐减和士气的低落，她决定寻找另一份工作，换一下工作环境。她现在在一家百货店做售货员。有一天，她在街上遇到了她的前任经理，她说："至少，我现在知道目标了。"她的前任经理回答："利兹，你很幸运，米德明斯特银行现在仍然是一片混乱。"

哈佛大学曾经做了一个非常有名的跟踪调查，这个调查影响力很大，是关于目标对人生影响的。那次的调查对象是一群智力、学历、环境等条件相差不大的年轻人，调查结果显示：27%的人没有目标；60%的人目标模糊；10%的人有清晰但比较短期的目标；3%的人有清晰且长期的目标。

25年跟踪研究的结果显示，他们的生活状况及分布现象让人觉得十分有意思。

占3%的那些人，25年来几乎从来没有更改过自己的人生目标。25年来，这些人为了实现自己的目标一直不懈地努力着；25年后，他们几乎都成为了社会各界的顶尖成功人士。

那些占10%的有清晰短期目标的年轻人，大部分生活在社会的中上层。他们具备共同的特点，那就是不断地实现自己的短期目标。25年来，他们的生活状态稳步上升，成为了各行各业不可或缺的专业人士，如律师、医生、工程师、高级主管等。

而占60%的没有明确目标的人，几乎都生活在社会的中下层，他们能安稳地生活、工作，但都没有什么特别突出的成绩。

剩下的27%的人是那些长期以来没有目标的人群，他们大多生活在社会的底层，生活很不如意，常常失业，经常接受社会救济。他们经常抱怨他人，抱怨社会，抱怨世界不公平。

看了上述哈佛大学的跟踪调查，大家应该能意识到，一个明确的目标对一个人的一生有多么重要的影响。

如果你没有明确的目标，你就很难有效地管理你的时间。一旦你认清了哪些是需要改善的地方，你就应该着手制订一个改变的计划。

提高你的时间效率就像是尽力成为一个优秀的高尔夫球手，一次一个洞，连续18次，满分18分。显然，想要达到那个满分是非常困难的，但是，那并不能阻止优秀的高尔夫球手坚持不懈地提高他们的成绩。

如果你想尽力节约工作时间，取得更多的业绩，那就给自己定一个类似的目标吧。完美可能很难达到，但优秀对你来说却不是什么困难的事情。

想要有明确的目标，需要注意以下三个方面：

（1）把模糊的梦想变成清晰的目标。

是什么因素使很多人追求成功却无法成功？绝大部分的人会认为是他们的目标不明确。要想管理好自己的时间，要想有力地控制自己的人生轨迹，就要明确具体地制订自己的目标，不要让自己的目标停留在模糊的梦想状态。

（2）用自己的特长选定目标。

每个人有每个人的实际情况，大家都有自己的特长、优势，也有自己的弱项；有自己向往的生活方式，也有自己的实际困难。因此，选定自己的奋斗目标时，应保证不要与自己的实际情况脱钩，要根据自己的实际情况设定目标。

（3）设定的目标要有连贯性。

一个人不但要有明确的目标，还要把长远的目标分成阶段性的目标，使自己在奋斗过程中看到希望所在，从而始终保持热情，保持自信，持之以恒地向前走，而不会因为距离目标太遥远、看不到成功的希望而心灵疲惫，甚至放弃。

2.随时调校人生的罗盘

著名的成功学大师谢利德·文森说过一句话："如果没有一丝成功的希望，屡屡试验是愚蠢的、毫无益处的。"因此，目标要适当、合理、正确。有些时候，你虽然在某件事情上付出了很多努力，但你却发现自己处于一个进退两难的境地，你所走的路线也许只是一条死胡同。这时候，最明智的办法就是抽身退出，去开始另一个项目，寻找新的成功机会。

有些人之所以会失败，不是因为他们没有能力、没有机会，而是因为他们定错了目标。他们一味地坚持，甚至到了顽固的地步。而成功者则会避免这种不切实际的坚持，时刻以一种冷静客观的方式检查自己在追求目标方面是否过于固执。

德国汽车巨头卡尔·本茨特别欣赏一个年轻人的才能，因为那个年轻人的目标让卡尔·本茨吃惊不小。年轻人最大的愿望就是赚到1000亿美元——这个数目相当于卡尔·本茨财产的100多倍！卡尔·本茨曾经这样问他："当你有了那么多钱以后，你打算做什么？"

年轻人想了想说："老实说，我只觉得那才能称得上成功，至于做什么，我也不大清楚。"

卡尔·本茨语重心长地告诉年轻人："一个人如果真的拥有那么多钱，将会威胁整个世界。我看你还是先别考虑这件事了吧。"

在以后的6年时间里，卡尔·本茨拒绝见这个年轻人。6年后，年轻人修正了自己的目标，告诉卡尔·本茨他想创办一所大学，他已经有了20万美元，还缺少20万美元，卡尔·本茨帮助年轻人实现了他的目标。

又经过6年的努力，年轻人成功了，他创办了德国著名的艾勒多亚大学。这位年轻人就是波·艾勒多亚。

当然，在设定目标时，你可以尽量定得高些，以激发自己的潜能，但千万不能脱离现实。制订人生目标应该有远大目光，但这并不意味着你可以不顾自身的客观条件而痴人说梦。

船在海上航行时，会遇到各种各样的干扰，严重时，有可能会偏离正确的航线。人生的道路上也会有各种失望、苦难和危险，这些东西就是你的航道上的暗礁和险滩，你必须绕过它们才能继续前进，到达你的目的地。想要选定一条通向成功彼岸的正确航道，就必须依靠你准确的罗盘。而想要保证罗盘准确，你就必须随时根据实际情况去调校它。

就如同磁针总是同南北两极处于一条直线上一样，当你校正了你的罗盘，你就会较敏捷地自动做出反应，使你的位置同你的目标、你的最高理想处于一条直线上。这一点是很重要的。

在这个过程中，你必须始终坚持，日积月累，总有一天，这些细小的努力会如涓涓细流汇聚为势不可当的汹涌波涛，而且有的时候，成功到来得比你想象的要早。

任何时候，你都应该审慎地运用智慧，做出最正确的判断，选择正确的方向，同时别忘了及时检视前进的方向，适时调整自己的目标和策略，放下无谓的固执，冷静地用开放的思路做出正确的抉择。每次正确无误的抉择都将指引你走向通往成功的坦途。

3.太多的目标等于没有目标

有一个很上进的年轻人，总对自己的生活感到不满，时常觉得烦躁、困惑，朋友问他为什么，他说："我是个很有理想并且愿意为此努力的人，从小，我就有很多人生目标，自从我大学毕业以后，我就开始经营我的理想和事业。可到现在我付出了许多，学到了很多，却一事无成。比如，我一毕业马上去学会计，我觉得那更实用；后来我发现心理学在今后一定有很大的发展空间，我马上又去学心理学；在这同时，我想踏实干好现在的工作以证明自己，但因压力觉得不安稳便又去进修与我工作相关的计算机编程，我想我很快就会成为一名高手。诸多的课程让我感到疲惫，但我想到未来一定会有用，又不忍心放弃正在学的东西，可事实上，到现在为止，我所学的课程进度都很慢，所以我很烦恼，为什么我这么努力却看不到成就呢？"

目标太多，却没有分身之术，举棋不定，不知应该放弃还是坚持。不知道你是否有过诸如此类的困惑。

哈佛大学给这些困惑的人做过这样的比喻："这种选择就像在过一个陌生的十字路口，只要你选准一条路径直往前走，每一条路都可以通往目的地。可如果总是怀疑自己的方向不对，一次又一次地退回来选其他的路，那么不管你以什么样的速度走，都会一直在原点附近徘徊，永远走不到你的目的地。你付出的越多，你就会越觉得疲劳和辛苦。"

约翰刚到那家公司上班时，工作很勤奋，很快就掌握了工作的窍门，做起事来得心应手，每天大约只用一半的时间就能完成老板交代的工作。空闲的时间一多起来，他便想起自己学生时代写了一半的长篇小说——一直以来，当个小说家也是他的梦想之一，于是，在空闲的时间里，他继续他的文学创作。

直到有一天，老板发现了他的秘密。约翰为此感到很不安，但老板并没有批评他，而是与他进行了一次开诚布公的交谈。

老板温和地问他："我看过你的小说，写得还不错呀！但是，我希望你能和我说说，对人生，你有什么样的规划？"

这个问题早在5年前他就想得很明白了，所以，他毫不犹豫地告诉了老板他的很多梦想，比如当一名作家、一名设计师、一个企业的高级管理者、一名出色的服装设计师……

老板认真地听他说完，并没有对此做出任何评价，只是问约翰是否听到过这样的故事：

"在森林里，三只猎狗追赶一只土拨鼠。情急之下，土拨鼠钻进了一个树洞里。这个树洞只有一个出口。三只猎狗就死守在树下。过了一会儿，一只兔子钻出树洞，飞快地跑，跑着跑着就爬到了一棵大树上。兔子很得意，在树上嘲笑下面的三只猎狗，结果它得意忘形，一不小心从树上掉了下来，砸晕了正仰头看它的三只猎狗。兔子趁机逃掉了。嗯，想一想，这个故事有什么问题吗？"

约翰觉得很有趣，认真地想过后："第一，兔子不会爬树；第二，一只兔子不可能同时砸晕三只猎狗。"

老板笑着说："分析得不错，可是，最重要的问题——土拨鼠哪儿去了？"

约翰恍然大悟："是呀！怎么把它给忘记了？"

老板笑着说："这只土拨鼠就好像是你最初为自己设定的人生目标。显然，这个目标被你忽视了，想必你已经忘记了，当初刚进公司的时候，你曾信心百倍地说过一句话：'我要做一个出色的广告人。'正是这句话打动了我，我才让你到我的公司里来的，你不会不记得了吧？"

约翰这才明白老板的用意。这时，老板又补充说："我相信你是广告策划方面难得的人才，我只是想提醒你，人的精力有限，要想做到面面俱到不太现实。好好做你的广告策划，你会前途无量。至于写小说、搞设计，最好只当成业余爱好。要记住，人生的目标不能太多，人这一辈子若能把一件事做出色，就已经是很大的成功了。"

此后，约翰便时常用这话来敲打自己，两年后，他终于升为广告策划总监。

一般情况下，人们对生活的迷失都是所要或所想的太多，而一时又达不到目标造成的。这种想法使很多人不能将精力专注于一项事业，他们总是目标多多，做着这件事，又想着那件事，结果导致精力分散，什么也做不好，还错过了许多咫尺的成功机会。

大凡成功人士，都能专注于一个目标。伊斯特曼致力于生产柯达相机，这为他赚进了数不清的金钱，也为全球数百万人带来了不可言喻的乐趣；比尔·盖茨一心做软件开发，终成为世界首富……

每天花一点时间问自己：你真正想要的是什么？什么才是最能让你感到快乐、满足的理想？慢慢地，你会发现，那些遥远的、不切实际的梦想和杂念都是你追逐美好生活的累赘，而那些离你最贴近的事物才是你的快乐所在。把精力集中在这些最让你快乐的事情上，别再胡思乱想，偏离正确的人生轨道了。只要一次只专心地做一件事，全身心地投入，你就一定会收获更多的成果和快乐。

法国马赛一位名叫多梅尔的警官，为了缉捕一名罪犯，查阅了十几米高的文件档案，打了30多万次电话，足迹踏遍四大洲，行程达到80多万千米。

经过52年的漫长追捕，多梅尔终于将罪犯捉拿归案。此时，多梅尔已经是73岁高龄。有记者问他这样做值得吗？他回答："一个人一生只要干好一件事，这辈子就没白过。"

当初接过这个案子时，多梅尔也许并没有想到这会成为自己矢志不渝、奋斗终生的目标。他只是把它当作一个普通案件来看待，他只是在履行一个警官应该履行的职责。然而，随着案情的一步步深入，作为一名执法者的高度责任感和使命感使他再也不能淡然处之。因为一个小姑娘无辜惨死的眼睛还没有合上，他时时刻刻都在被那双眼睛注视着。

也就是从这时候起，多梅尔把缉捕罪犯立为自己的终生之志。

一任风霜雨雪，途程万里；一任寒暑过往，四时变易。18000多个日夜从身边流走，意气风发的昂扬少年变成了垂垂老矣的衰年暮翁，但他仍然在执着地干着一件事。跬步之积而至千里，滴水之聚终成江河，经过52年的漫长耕耘，多梅尔终于有了收获。

当他把手铐铐在那名同样年老的罪犯手上时，他兴奋得像个孩子：

"受害者可以瞑目了，我也可以退休了。"

的确，人的一生真的很短暂，如果一个人一辈子能真正干好一件事，那他就是成功的。

有的人，好高骛远，心性浮躁，频繁跳槽，这山望着那山高，老觉得人家碗里肉多，到头来，虽说干过不少事，可连一件事也没有干好。

其实，我们如果把人类社会比作大厦，那每个人就是大厦上的一块砖，只有大家都能做到尽职尽责，干好自己该干好的那一件事，做一块质量合格的砖，大厦才能牢固、宏伟。会计不错算一笔账，营业员把微笑送给客户，演员努力塑造好每一个角色……这些都是很平凡的事，一个人若能一辈子干好其中一件事，就算没有虚度人生。美好的世界，不就是由这样美好的事组成的吗？

4.把目标分解为任务

1952年7月的一天，加利福尼亚海岸弥漫着浓浓的雾气，原来的碧海蓝天消失得无影无踪。在海岸以西21英里的卡塔林纳岛上，43岁的费罗伦丝·查德威克准备从太平洋游到加州海岸，她想创造世界纪录，这是她的梦想。

那天早上，雾很大，天气也有些阴冷，海水很凉，她冻得浑身发麻，雾气使她看不到护送的船只。时间慢慢地过去，有千千万万的人守在电视机旁看她的电视直播。几只凶残的鲨鱼几次靠近她，都被护送她的安全人员打跑了。

15个小时过去了，她又累又冷，浑身直哆嗦。她觉得自己坚持不下去了，便想叫人拉她上船。她的母亲和教练在另外一条船上告诉她，她离海岸已经非常近了，劝她不要放弃。然而，当她朝海岸看去的时候，却是模糊一片，除了雾气，什么也看不到。于是，她坚持上船。

她不知道的是，她上船的地方离海岸只有半英里，这个距离对她来说没有什么难度。后来，她说，让她半途而废的不是疲劳，也不是寒冷，而是因为她在浓雾中看不到海岸，看不到目标。

如果你不希望自己犯费罗伦丝·查德威克那样的错误，就要明确自己的目标，并且进行分类。然而，许多重要的目标都是总体性的，以至于我们没有办法直接进行分类处理。作为替代，我们可以将它们分解成便于管理的任务和对应于每一项任务的工作。这就像要吃掉一头大象，首先要把大象分解、切割成小块，然后再一块一块地吃掉。

通过下面的四个步骤对目标进行时间管理，相信能对大家有所帮助：

（1）把你的目标分解成一组便于管理的具体任务。回顾你所设定的每一个目标，然后列出达到这些目标所需要完成的所有任务。比如，你们公司要发起一系列内部培训研讨会。这个研讨会要每个月举行两次，举行3个月，共6次。在这里，举行内部培训研讨会是目标，可以把它分解为首次首脑会议、第二次会议（确定主题和演讲人）、部门首脑研讨会、内部提升与沟通、单独会见每一个演讲者、监督执行、研讨会评价、向每一位演讲者致谢并赠送小礼物等。同时，你还要计算一下每一个任务大致需要花费多少时间。

（2）确定优先权。当完整地列出任务列表时，对每一项任务分别确定A、B、C级优先权，以A级代表最高级优先权。你所确定的优先级别应该反映每一项任务所支撑的目标的重要性：A级优先权包括最关键的目标，是最重要、最需要完成的任务，它们是具有最高价值、最受关注的任务；B级优先权包括比较有价值的目标，它们是具有中等价值和比较紧急的任务；C级优先权包括具备低价值、低重要性的目标，属于非紧急的任务。

（3）对各个任务进行正确的排序。检查任务时，你会注意到有些任务需要按照一定的顺序来完成，在下一项任务开始之前，前一项任务需要或多或少地完成一些。举个例子来说，完成一份送给高级管理人员的重要报告可能需要这样的次序：收集数据—列出报告提纲—撰写报告—征集意见—修改报告—提交报告。当然，并不是所有的活动都必须遵循这种顺序关系，也可以是"先完成后开始"的关系。比如，一个新的计算机系统的开发流程，软件开发人员必须等待部分但不是全部硬件开发工作的完成。在这以后，大多数硬件开发和软件开发工作都可以同时进行。总之，你要做的就是把这些关系记录下来，并且在确定工作进程的时候把这些关系牢记于心。

对于优先级别为A、B的任务，也就是那些你认为最重要的任务，你要正确地估算一下每一项工作需要花费多少时间。对于时间的估算并不总是十分精确的，但是，如果之前曾经完成过类似的任务，你就有了一个估算时间的基准。如果面对的是一个全新的活动，可以咨询你认为对此比较熟悉的同事、上司或者朋友等，他们也许可以帮助你估算任务大致需要多少时间，然后根据你估算的时间预留出10%~20%的缓冲时间，以应对不可预知的问题。同时，你还可以确定完成每一项任务或者活动的最终期限。而对于一些相对复杂的任务，可以设定一些里程碑来追踪完成的过程。

（4）在列出所有的任务和时间之后，你还可以关注另外一个问题：那就是设法把你认为可以委派给其他人的部分或者全部任务委派给可以完成的人。

对时间的精确估计有助于计划工作。如果是你熟悉的任务，估计完成时间不会很多。而对于不熟悉的任务，就需要更多的时间和精力来思考了。注意，估计的过程所花费的时间也要最后计算到整个过程之中，所以，要尽可能实际，粗略地过低估计时间最终也会影响你。

下面是估计时间的一些小提示：

（1）估计要在经验的基础上，使用平均的预期时间来完成一个任务。你或者同事越熟悉一个任务，你们估计的时间就越精确。

（2）一定要记住，估计就是估计，不能确保，所以也不要在这个阶段就把它们转变成承诺。

（3）将估计的时间适当加长是避免任务实际时间比计划时间超时的最好办法，但必须要公开进行，并且要清楚自己在干什么。

5.每次只追你前面那一名

有一个聪明伶俐的女孩，小时候由于身体纤弱，每次上体育课都落在后面。这让好胜心极强的她感到非常沮丧，她也因此而害怕上体育课。这时候，她的妈妈安慰她："没关系的，孩子，你年龄最小，跑在最后面是可以原谅的。不过，你要记住，下次你的目标是——只追前一名。"

小女孩认真地点了点头，把妈妈的话记在了心里。再上体育课时，她就奋力追赶跑在她前面的那个同学。结果，她成功了，她不再是倒数第一了。此后的体育课上，她跑步的速度快多了，超越了很多同学。一个学期还没有结束，她跑步的成绩已经达到了中游水平，她也慢慢喜欢上了体育课。

后来，妈妈又把"只追前一名"的理念引申到了小女孩的学习中："如果你每次考试都能超过一个同学，那你就非常了不起了。"

在这种理念的引导下，这个女孩后来考上了北京大学，4年后又被哈佛大学以全额奖学金录取，成为了当年哈佛大学教育学院录取的唯一一位中国应届本科生，她就是才女朱成。朱成在哈佛攻读了硕士学位、博士学位。读博期间，她还当选为有11个研究生院、1.3万名研究生的哈佛大学研究生总会主席。这是哈佛370年历史上第一位中国籍学生出任该职位，引起了巨大轰动。

"只追前一名"就是合理的高难度目标。没有目标就会失去方向，没有期望就会失去动力，但是，如果目标太高、期望太大，又会让人觉得力不从心，因此，只有符合实际而又有些难度的目标才能引导人们脚踏实地地前行。

什么是合理的高难度目标呢？就是说，目标的定位既要从实际出发，又要尽可能让它远大，具有难度。就像是日行千里和日行十里的人，精神状态就不一样；攀登高山的人与爬山坡的人发挥出来的潜能也不一样。合理的高难度目标更有利于规范自己的行为，发挥出潜能。正如一些田径教练经常对跳远运动员说的话："跳远的时候，眼睛看得远一些，你才能跳得远一些。"

高难度的目标是迈向自我塑造的第一步，但用高难度目标规范自己，应注意做到以下几点：

（1）确立宏伟却合理的高难度的目标。

许多人发现，他们之所以达不到自己的目标，是因为他们的目标太小、太模糊或者是太容易了，使自己失去了前进的动力。因此，只有确立一个宏伟却合理的高难度目标才能激励你奋发向上。

（2）把握好情绪。

一个人高兴的时候，体内会发生奇妙的变化，从而获得不竭的动力和力量。因此，你应找出自身的情绪高涨期来不断鼓励自己，让自己充满激情地去工作，为自己预定的目标而努力。

（3）加强紧迫感。

不要觉得你有许多时间可以挥霍，不要总是认为你有充足的时间去实现你的理想和目标。如果你没有紧迫感，不充分地管理时间、利用时间，你永远也不可能达到你设定的目标。

（4）迎接恐惧。

要达到高难度目标需要面对意想不到的困难，这个时候，你应该勇敢克服因困难而产生的恐惧。对你而言，哪怕克服的只是一个小小的恐惧，也能增强你创造美好生活的信心。

（5）做好调整计划。

实现目标的道路绝对不会平坦，所以，你的目标需要根据时间的推移而做出改变。即使感觉不错，你也要好好调整自己的计划，以期获得更大的发展。

树立了合理的高难度目标后，你不能把它们当作心中的秘密，而应该告诉其他人，与那些支持你的人分享你的目标。通过与别人分享你的目标，你会从两个方面有所受益：第一，与别人分享你的目标，会让你对自己的目标有更清楚的认识，因为你必须要用语言描述你的目标；第二，当你与别人分享你的目标时，你会觉得自己更加有责任去实现它，那些支持你的人无形中起到了监督的作用，他们会时不时地询问你目标实现的情况，那样，你就会为完成自己的目标而更加努力地工作。

需要注意的是，在选择与什么样的人来分享你的目标的时候，你需要格外小心谨慎。那些不习惯设定目标甚至没有目标的人可能会对你的决定嗤之以鼻，也可能会质疑你的能力，这可能会伤到你的自尊或者信心。因此，你要选择那些能够相信你、鼓励你、帮助你，至少不会牵绊你的人分享你的目标和理想。

6.认识你自己

哈佛大学商学院的塞缪尔·约翰逊教授认为，从价值的本质来说，价值就是你所思考的一切，也就是什么是你值得做的和值得努力的，你需要树立怎样的生活目标和人生目标，你需要如何协调自己的生活与工作。

在一定程度上，选定一个目标并且努力去实现它，这个时候我们就创造了价值。在时间管理的背景下，价值潜在地扮演了一个非常重要的角色，它们是你努力的向导。出于某种原因，你的将来类似于一片没有探索过的陌生海域，而不是一条熟悉的溪流。你只靠自己的双手努力，也许不会成功，但你可以选择航海家或者旅行者作为你的向导，然后跟随着他们，直到你到达目的地。

不管你是否意识到价值，它们都在你前进的道路上起着重要的作用。掌握更高超的航行技能的第一步就是充分了解目前能够影响到你生活选择的那些价值。了解你的价值并且追随它们，但是不要将它们强加在其他人身上。你要记住威廉·詹姆斯所说的话："学会与其他人交流的第一件事就是不去影响他们各自特殊的快乐方式，假若他们没有通过暴力方式干涉我们的生活。"

价值能用有目的的语言来表达，反之，有目的的陈述也能根据价值来理解。例如，如果你认为自我实现是人生中的头等大事，这可能说明，对你来说，个人价值排在第一位。如果你认为其他人的自我价值也非常重要，那就再好不过了。也就是说，你的自我价值不要以别人的代价来实现。如果你的自我价值是以别人的代价来实现的，你就应该尽早结束它，就像塞缪尔·约翰逊认识到的那样："爱惜你自己，不要树敌。"

在现实生活中，你的价值体现在为别人创造什么样的价值。也就是说，一个人想要实现自己的价值，首先就必须为别人创造价值，得到别人的认可，然后在为别人创造价值的前提下进一步实现自己的人生价值。这是一个很自然的过程。你去一个公司工作，就一定要为公司创造一定的价值，让你所在的公司盈利。如果你不能为公司创造价值，即使你学历再高、资历再深，公司的主管也会把你炒掉。利益把人与人、人与社会，甚至国家与国家联系了起来。

所以，你要实现自己的价值，就要先了解自己的价值，为别人、为社会创造价值。

在一个公司里，你要做的就是发挥自己的价值，证明自己，为公司、为社会创造价值。同时，你还需要发现你的下属的价值。你越能发现手下人的价值，他们对手头的工作就越是专注和主动。

要想让公司重用你，实现你的人生价值，你需要具备四个基本要素：

（1）人品。

人品是一个人行事的准绳，人品决定了你在公司、行业能走多远。如何善待下属、如何面对各种诱惑等都是考验你人品的关键要点。

（2）沟通。

如果没有良好的沟通技巧，怎么能吸引客户？你怎么与你的上级、公司各部门的同事做好沟通？怎么能更好地完成工作？良好的沟通技巧能使你的上司更了解你、赏识你，这样，在机会到来的时候，你才可以抓住机会，获得更大的发展。

（3）技能。

所有的老板都喜欢有能力的员工，在具备良好的人品与沟通技巧后，你还需要逐步积累和培养工作技能。

（4）激情。

激情是职场人士，特别是从事销售业务的人员走向成功的首要因素，拥有持续的激情是最难能可贵的。作为一位职场人士，你应该随时调节自己，保持工作激情。只有这样，你才会有成功的机会。

总之，你要相信，"机会永远留给有准备的人"。你要了解自己的价值，不断提升自己的价值，这样才能在机会来临的时候抓住它，从而实现自己的人生价值！

7.懂得适时地放弃

某一天深夜，上班族爸爸加班回家，客厅的灯还亮着，5岁的儿子等他等了很久。

"爸爸，我可以问你一个问题吗？

"什么问题？"爸爸很累，语气有点不耐烦。

"爸，请问你一个小时可以赚多少钱？"

爸爸不认为这么小的孩子会有什么金钱概念。"你不需要知道这些，赶快去睡觉。"

"我只是想知道，你加班一个小时赚多少钱嘛。"孩子不肯罢休。

爸爸在心里盘算了一下，说："加班一小时，差不多是20元。"

"那么……"小孩又提出了要求，"你可以借我10元钱吗？"

"你要10元钱做什么？"

"现在不能说。"小孩说。

"不行。"爸爸认为10元钱对一个5岁小孩来说太多了，"赶快去睡觉，你的玩具已经够多了，如果想要买玩具，先问妈妈。爸爸很累，你不要吵。"

眼看爸爸有点生气，孩子安静地回到了自己的房间里。跟很多随便对孩子发小脾气的大人一样，爸爸上床前有点懊悔，也许自己对儿子太凶了：只是10元钱嘛，也许他想存起来。他悄悄推开儿子房间的门，发现孩子还没睡。

"10元钱给你，你不要乱花。"

儿子笑了："谢谢爸爸，我最爱你了。"

接着，他从自己枕头底下拿出了一些皱皱的钞票和零散的硬币，小心翼翼地数着。

"你已经有钱了，为什么还要跟我要？要这么多钱做什么？"爸爸惊呼。

"爸爸，这给你。"孩子把那一沓钱交到父亲手里，说道，"总共20元，买你一小时，明天你可以回家陪我吃晚餐吗？"

对于那些辛苦劳碌，为了生活拼命的父母来说，这是一个令人心酸的故事，然而，这又是实实在在发生在我们身边的故事。那些没有时间陪孩子的父母，也一定有自己难以言表的苦衷。因为世界上没有一家企业喜欢听员工以"我要回家陪孩子"为借口而请假离开工作岗位。

其实，只要适时地放弃某些东西，你就可以挤出时间来做你想做的事情。

对于那些没有时间的人，最好的办法自然不是去办公室指着老板骂道：你是个资本家，你剥夺了我回家陪孩子的时间，从此以后，我拒绝加班！而是应该试着让自己的工作更有效率，速度更快，这样至少不用每天加班。

没有人会因为你工作时间长而觉得你很努力。任何一家企业看的都是业绩，而不是你工作了多长时间，加了多长时间的班。

那些懂得放弃的人，也许会在失去某些东西的同时得到更多的东西。

李开复考上了哥伦比亚大学的法律专业后，被很多人羡慕，因为他们觉得以后从事法律工作是一件很体面的事情。

但是，李开复却发现自己真正的兴趣并不在法律上，每次上专业课时，他总是打不起半点精神，甚至还常常在课上昏昏欲睡。

此时，他接触到了计算机，很快，他就喜欢上了计算机。每天，他都在疯狂地练习编程。老师和同学都对他的"不务正业"而感到惊讶。终于，在李开复大二的时候，他做出了一个重大决定：放弃自己的专业，转入计算机系学习编程。

在当时，计算机还属于高科技产品，哥伦比亚的计算机系也只是刚刚成立，很少有学生报名学习。

从受人尊敬的律师转到一个前途未卜的领域里，这使认识他的人都深为不解。许多朋友都劝他三思而行，不要放弃前途光明的法律专业。但李开复却毅然地决定坚持自己的选择，因为他知道，人的生命只有一次，不应该浪费在自己不喜欢的事情上，而应用自己一生的时间去学习和研究自己感兴趣的领域。

他一入计算机领域便如鱼得水，整个身心充满了激情。后来，他又进入了卡内基梅隆大学，继续攻读计算机方面的硕士及博士，并获得了计算机专业博士学位。他开发的"语音识别系统"获得了《美国商业周刊》最重要发明奖。他于1998年加盟微软，创立了微软亚洲研究院。2000年，他升任微软全球副总裁，是微软高层里职位最高的华人。2006年，他又出任Google（谷歌）公司全球副总裁、中国区总裁。

敢于放弃是一种智慧，也是时间管理上的一门学问。只有先放弃了一件事情，才会有另一件事情的开始。

而敢于放弃，懂得适时地放弃，也是需要阅历和智慧的。放弃并不是放任自流，而是要学会自己掌握自己的想法、未来和命运。

小技巧：运用思维导图制作目标

思维导图又叫心智图，是针对线性笔记的不足而发明的一种新型笔记工具，是表达发射性思维的有效图形思维工具。它虽然简单，却极其有效，是一种革命性的思维工具。

思维导图运用图文并重的技巧，把各级主题的关系用相互隶属与相关的层级图表现出来，把主题关键词与图像、颜色等建立记忆链接，充分运用左右脑的机能，利用记忆、阅读、思维的规律，协助人们在逻辑与想象之间平衡发展，从而开启人类大脑的无限潜能。因此，思维导图具有人类思维的强大功能。而在时间管理中，我们可以运用思维导图进行目标设定。

各种各样时间要求的关系网都可以利用思维导图来加以说明。这是因为思维导图非常直观，它是由一些有组织、有条理、富有建设性的关键词组成的。这种全面的方法使语言和形象思维互相配合，从而促进大脑左右半球进行创造性工作。

运用思维导图的方法，你可以快捷而明了地做笔记，有目的地进行思考，发现点子，解决问题。把你的想法自发地、形象地写在纸上，然后，你就能让大脑的左右半球同时运转，从而发挥你所有的聪明才智。众所周知，人的左侧大脑半球负责分析思维、逻辑思维、结构、数字以及概念等，而右侧大脑半球则分管幻想、直觉、计划，还有整体思维。当两个大脑半球协调工作时，便会产生异乎寻常的功效。

思维导图非常简单，让人一目了然：把中心议题画在或者写在一张白纸上，然后认真地搜集一些与之相关的关键词，然后把它们同中心议题连起来。而这些关键词又可以派生出其他的分支，循环往复地进行下去。这里特别要指出的是，要使用不同的颜色，自发地去产生联想。

下面是思维导图的具体制作方法：

(1) 制作工具

◆几张A3或A4大的白纸；

◆一套好用的软芯笔；

◆四支以上不同颜色的涂色笔；

◆一支标准钢笔。

(2) 制作步骤

◆从白纸的中心开始画，周围要留出空白；

◆用一幅图像来表达你的中心思想；

◆绘图的时候尽可能多地使用多种颜色的涂色笔；

◆链接中心图像和主要分支，然后链接主要分支和二级分支，接着再链接二级分支和三级分支，以此类推；

◆用美丽的弧线连接，永远不要用直线连接；

◆每一条线上标注一个关键词；

◆尽可能多地使用图形。

我们可以使用"旅行"这个概念来运用思维导图：在一张纸（A3或A4大的白纸）的中央写上"旅行"，然后在这个概念的周围写上你目前所能想象到的与之相关的词语，把这些关键词同中心连起来。主系以及旁系可能是：旅行目的地、食宿、准备、旅行的人数。现在请你把这些概念扩展，例如"准备"可以包括订机票、整理行囊、采购所需物品……

于是，一张图便跃然纸上了。它反映了你的愿望与诉求，反映了你所要做的事情、可能存在的问题，以及解决问题的方法。通常来说，思维导图是无休无止、没有尽头的，经常运用它来明确你的目标，肯定会对你大有帮助。

随着人们对思维导图的认识和掌握，思维导图可以应用于生活和工作的各个方面，包括学习、写作、沟通、演讲、管理、会议等，运用思维导图带来的学习能力和清晰的思维方式会改善人的诸多行为表现：

（1）成倍提高你的学习速度和效率，使你更快地学习新知识，从而更好地工作，完成工作目标。

（2）激发你的联想与创意，将各种零散的智慧、资源等融会贯通成为一个完整的系统。

（3）让你形成系统的思维习惯，并将使你达到众多你想达到的目标，包括快速地记笔记，轻松地表达沟通、演讲、写作、管理等。

（4）让你具有超人的学习能力，向你喜欢的优秀人物学习，提高自己各个方面的能力。

（5）让你尽快掌握思维导图这个能打开大脑潜能的强有力的图解工具。它能同时让你运用大脑皮层的所有智能，包括词汇、图像、数字、逻辑、韵律、颜色和空间感知。它可以运用于生活的各个层面，提高你的思维能力，让你的大脑表现最佳。

第三章

战胜拖延，
走出穷忙的"怪圈"

1.拖延是生命的"窃贼"

元代陶宗仪写了一本名叫《南村辍耕录》的书，书里有个"寒号虫"的故事，讲的是："五台山有鸟，名寒号虫。四足，肉翅，不能飞，其粪即五灵脂。当盛暑时，文采绚烂，乃自鸣曰：凤凰不如我。比至深冬严寒之际，毛羽脱落，索然如毂雏。遂自鸣曰：得过且过。"

这个小故事后来被改编成了一篇名叫《寒号鸟》的小学课文。文章的大意是：寒号鸟的邻居喜鹊好心劝寒号鸟趁着天气暖和赶紧筑窝，寒号鸟却总推辞道："天气这么好，正好睡觉。"当晚上寒风吹来，寒号鸟又冻得直后悔："哆罗罗，哆罗罗，寒风冻死我，明天就垒窝。"最后，寒号鸟没能顶过寒冬，被活活冻死了。

　　寒号鸟是不是像极了拖延成性的人？他们总是认为自己的时间还很多，经得起折腾，可以无限制地拖延下去。"明天开始"是寒号鸟的口头禅；寒号鸟害怕失败，害怕被别人评判，所以极端自卑或自负，自比凤凰更是家常便饭；完美主义流淌在寒号鸟的血液里，寒号鸟信奉"要么不做、要么第一"的做事原则；寒号鸟期待一步登天、鸟瞰全局，做起事来却常常一曝十寒；事后，寒号鸟总是充满悔意，并狠狠地责备和惩罚自己，可是一而再、再而三的挫折让寒号鸟最终不得不承认自己"肉翅，不能飞"的现实；最后，寒号鸟沦为"得过且过"之辈，在寒冬里不时发出抱怨的哀号。

　　回忆一下你的生活：星期一早晨，你又为起床感到费劲，你觉得这对你来说太困难了；你的洗衣机里已经塞不下你的脏衣服了；你明知道你染上了一些恶习，例如抽烟、喝酒，而又不愿改掉，你常常跟自己说："我要是愿意的话，肯定可以戒掉。"老板布置的工作，你觉得可能做不完，或是今天太疲劳了，不如明天早上来了再做，那时可能精神更好；每当接受新的工作时，你总是感到身体疲惫；你想做点体力活，如打扫房间、清理门窗、修剪草坪等，可你却迟迟没有行动，你总有各种各样的原因不去做，诸如工作繁忙、身体很累、要看电视等；你曾经由于迟迟不敢表白，而让心爱的女子成了别人的妻子，自己只能暗暗伤怀；你希望一辈子住在一个地方，你不愿意搬走，新的环境会让你头疼；总是制订健身计划，可你从不付诸行动，"我该跑步了……，从下周一开始"；你答应要带你的宝贝去公园玩，可是一个月过去了，由于各种原因，你一直没有履行诺言，你的孩子对你已经失望至极；你很羡慕朋友们去海边旅行，你自己也有能力去，但总是因为这样那样的借口而一拖再拖……

　　喜欢拖延的人常把"或许""希望""但愿"挂在嘴边，作为心理支撑的系统，浪费时间的借口俯拾即是。但是，无论你如何"希望"或是"但愿"，很显然，你只不过在为自己的拖延寻找借口。

我们常常听到别人说："我希望问题会得到解决""但愿情况会好一些""或许明天会比较顺利"……

事实上，情况会有所好转吗？你依旧是在给自己找逃避痛苦的借口。不要再煞费苦心地寻找拖延的理由了，要知道，生命对于我们而言总是有限的。

鲁迅说过，浪费别人的时间等于谋财害命，浪费自己的时间等于慢性自杀。

有人把人生比作列车，与生活中列车不同的是，它没有返回的可能。时间也一样，如果把时间比作蜡烛，走过的时间就是燃掉的烛火，难以回头再燃一次。这是时间的特性。那么，你所能做的是什么呢？肯定不是拖延时间，浪费自己宝贵的生命。

当一个人呱呱坠地的那一刻，生命的时钟便已敲响，以后的每一分每一秒都将记录着生命的历程。著名的科学家富兰克林说过："你热爱生命吗？那么别浪费时间，因为时间是组成生命的材料。"任何知识都要在时间中获得，任何工作都要在时间中进行，任何才智都要在时间中显现，任何财富都要在时间中创造。珍惜时间就是珍惜生命，只有这样，你的生命长河才会散发出光芒。

时间对于不同的人，意味着不同的结果。对商人，时间意味着金钱；对科学家，时间意味着知识与探索；对农民，时间意味着收成与丰收；对于我们个人来说，时间意味着成功与希望。

两次获得诺贝尔奖的居里夫人，从小就养成了珍惜时间的习惯。在她的青年时期，为了不让煮饭的时间占去学习时间，她经常吃面包，喝冷开水。著名的数学家华罗庚，为了珍惜时间，小时候在一家小店当伙计的时候，就一边当学徒，一边抓紧时间自学数学，终于成为名闻中外的大数学家。还有大家熟知的张海迪，即使躺在病床上，也依旧坚持完成每天的学习任务，以顽强的毅力自学成才，获得了哲学硕士学位，创作翻译了不少文学作品……时间让他们的生命闪耀着灿烂的光辉。

古今中外，像他们这样珍惜时间、珍惜生命的名人还有很多。因为他们知道：当时间与生命紧密相连的时候，时间的价值无法估量。珍惜生命的每一分每一秒，去学习，去创造，去攀登，让有限的生命发挥出无限的价值。

莎士比亚说过："时间的无声的脚步，是不会因为我们有许多事情要处理而稍停片刻的。"两千多年前，孔夫子也曾望"河"兴叹："逝者如斯夫，不舍昼夜。"时间在你洗手的时候，从水盆里过去；在你吃饭的时候，从饭碗里过去；在你默默的时候，时间便从你凝然的双眼前悄然流逝。时间是无法蓄积的，当你伸出双手去遮挽时，它会从你遮挽着的手边过去，即使你为此而叹息，它也不会有片刻停留。

高效率的人视时间如生命，每一时刻都充满奋斗的精神，深刻理解时间意味什么；而拖延者，总是在抱怨不公中度过那仅剩的有限日子，在日复一日的拖延中浪费着宝贵的生命。

2.合理分解拖延带来的压力

明明头痛得快炸开了，但一想到完不成任务就可能被解雇，只好不停地给自己加压再加压……这样在莫名的拖延与压力中越陷越深的年轻白领不在少数。为加薪，为升职，为面子，他们在超负荷工作的同时，深感"难以承受之重"；掰掰手指——疲劳、失眠、脱发、发福，种种中年以后的常见毛病已提前缠身。

我们常常因为拖延时间而心生悔意，但下一次还是会惯性地拖延下去。几次三番之后，我们竟视这种恶习为平常之事，以致漠视了它对工作的危害。

不论是公司还是个人，没有在关键时刻及时做出决定或行动，而让事情拖延下去，都会给自身带来严重的伤害。那些经常说"唉，这件事情很烦人，还有其他的事等着做，先做其他的事情吧"的人，总是奢望随着时间的流逝，难题会自动消失或有另外的人解决它，这不过是自欺欺人。不论他们用多少方法来逃避责任，该做的事还是得做。而拖延是一种相当累人的折磨，随着完成期限的迫近，工作的压力也随之与日俱增，这会让人觉得更加疲惫不堪。

不得不承认，我们工作中的很大一部分压力就是来自拖延，拖延的原因有很多，不是一时半刻就能解决掉的，所以，如何分解对抗这些压力尤为重要。

学会下面十招，一定可以变压力为动力，消压力于无形，进而改善你的拖延症。

第一步，精神超越——价值观和人生定位。

简单地说，就是你准备做一个什么样的人，你的人生准备达成哪些目标。这些看似与具体压力无关的东西，对我们的影响却十分巨大，对很多压力的反思最后往往都要归结到这个方面。卡耐基说："我非常相信，这是获得心理平静的最大秘密之一——要有正确的价值观念。而我也相信，只要我们能定出一种个人的标准来——就是和我们的生活比起来，什么样的事情才值得的标准，我们的忧虑有50%可以立刻消除。"

第二步，心态调整——以积极乐观的心态拥抱压力。

法国作家雨果曾说过："思想可以使天堂变成地狱，也可以使地狱变成天堂。"

我们要认识到危机即是转机。遇到困难，产生压力，一方面可能是自己的能力不足，因此，整个问题的处理过程就成了增强自己能力、进一步成长的重要机会；另一方面也可能是环境或他人的因素，这可以通过理性的沟通来解决，如果无法解决，也可宽恕一切，尽量以正向乐观的态度去面对每一件事。

研究表明，一个人若能常保持正向乐观的心，处理问题时，他就会比一般人多出20%的机会得到满意的结果。因此，正向乐观的态度不仅能平息由压力带来的紊乱情绪，也能使问题导向正面的结果。

第三步，理性反思——自我反省和压力日记。

理性反思，积极进行自我对话和反省。对于一个积极进取的人而言，面对压力时可以自问："如果没做成又如何？"这样的想法并非找借口，而是一种有效疏解压力的方式。但如果本身个性较容易趋向于逃避，则应该要求自己以较积极的态度面对压力，告诉自己，适度的压力能够帮助自我成长。

同时，记压力日记也是一种简单有效的理性反思方法。它可以帮助你确定是什么刺激引起了压力，通过检查你的日记，你可以发现你是怎么应对压力的。

第四步，提升能力——疏解压力最直接有效的方法是设法提升自身的能力。

既然压力的来源是自身对事物的不熟悉、不确定感，或是对于目标的达成感到力不从心所致，那么，疏解压力最直接有效的方法便是去了解、掌握状况，并且设法提升自身的能力。通过自学、参加培训等途径，一旦"会了""熟了""清楚了"，压力自然就会减低、消除，可见，压力并不是一件可怕的事。逃避之所以不能疏解压力，是因为本身的能力并未提升，使得既有的压力依旧存在，强度也未减弱。

第五步，建立平衡——留出休整的空间，不要把工作上的压力带回家。

我们要主动管理自己的情绪，注重业余生活，不要把工作上的压力带回家。留出休整的空间：与他人共享时光、交谈、倾诉、阅读、冥想、听音乐、处理家务、参与体力劳动等，都是获得内心安宁的绝好方式。选择适宜的运动，锻炼忍耐力、灵敏度或体力……持之以恒地交替应用你喜爱的方式并建立理性的习惯，逐渐体会它对你身心的裨益。

第六步，加强沟通——不要试图一个人把所有压力承担下来。

平时要积极改善人际关系，特别是要加强与上级、同事及下属的沟通，要随时切记，压力过大时要寻求主管的协助，不要试图一个人把所有压力承担下来。同时，在压力到来时，还可主动寻求心理援助，如与家人、朋友倾诉交流，进行心理咨询等。

第七步，时间管理——关键是不要让你的安排左右你，你要自己安排你的事。

工作压力的产生往往与时间的紧张感相生相伴，总是觉得很多事情十分紧迫，时间不够用。解决这种紧迫感的有效方法是时间管理，关键是不要让你的安排左右你，你要自己安排你的事。在进行时间安排时，应权衡各种事情的优先顺序，要学会"弹钢琴"。对工作要有前瞻能力，把重要但不一定紧急的事放到首位，防患于未然，如果总是在忙于救火，那将使我们的工作永远处于被动之中。

第八步，活在今天——集中你所有的智慧、热忱，把今天的工作做得尽善尽美。

压力其实都有一个相同的特质，就是突出表现在对明天和将来的焦虑和担心上。而要应对压力，我们首先要做的事情不是去观望遥远的将来，而是去做手边的清晰之事，因为为明日做好准备的最佳办法就是集中你所有的智慧、热忱，把今天的工作做得尽善尽美。

第九步，生理调节——保持健康，学会放松。

另外一个管理压力的方法集中在控制一些生理变化上，如：逐步肌肉放松、深呼吸、加强锻炼、保证充足完整的睡眠、保持健康和营养等。通过保持你的健康，你可以增加精力和耐力，帮助你与压力引起的疲劳斗争。

第十步，日常减压。

以下是帮助你在日常生活中减轻压力的10种具体方法，简单方便，经常运用可以起到很好的效果。

(1) 早睡早起。在你的家人醒来前一小时起床，做好一天的准备工作。

(2) 同你的家人和同事共同分享工作的快乐。

(3) 要多休息，从而使头脑清醒，呼吸通畅。

(4) 利用空闲时间锻炼身体。

(5) 不要急切地、过多地表现自己。

(6) 提醒自己任何事不可能都是尽善尽美的。

(7) 学会说"不"。

(8) 生活中的顾虑不要太多。

(9) 偶尔可听音乐放松自己。

(10) 培养豁达的心胸。

3.五个步骤帮你摆脱拖延的借口

拖延者喜欢被动地制造借口来取代合理的行动，还喜欢制造借口来为拖延分辩，或者把它掩饰过去。

针对这两个心理特征，下面总结了五个步骤，让你摆脱拖延的借口。

第一步，认识：暴露那些你用来为非理性拖延的行为的借口。

把你给自己找的拖延理由以及你向别人解释的拖延理由都列举出来。

认识的练习：

站在点A，如果要到点C，你会发现中间有点B这个要改变的拖延障碍。

走到A与C的裂隙中间，把障碍标出来：比如明天的工作、抱怨的想法、情感的反抗等。

那么，如何越过这些障碍到达点C呢？请写出来。

把这些引发拖延的想法和意念慢慢重放出来，然后使这些想法和意念能够回忆、挑战和转变。

第二步，行动：学会克服拖延。

采取必要的行为步骤，在合理的时间里完成相关的行动计划，这样就可以不再拖延。

行动的练习：

用系统组织的方法，比如在横格纸上记下你每天要做的事情，把它们列举出来并且排好顺序。每完成一个就在纸上划掉一个。这样既能一项项地完成纸上的记录，又可以获得满足感。

采用启动的策略，比如5分钟的方法：开始做一件事情，持续5分钟，在这段时间结束后，退出，然后执行另外的5分钟计划，这样依次进行，等等。这种实际的技巧可以帮助一切开始运转起来。

采用蚕食的方法，即使是最复杂的事情也有一个简单的地方，从简单的地方开始，然后一点点地去做，直到完成。

第三步，融合：调整并适应立即行动的模式。

通过对新的抵制拖延的想法和行为的测试，你可以对自己面临正常的和非正常的变化进行挑战。在这个过程中，你可以对自己认为不能克服拖延的想法进行挑战，然后改掉拖延的习惯。

融合的练习：

看，然后行动。

比如，有拖延习惯的人对挫折只有很低的忍耐力，然后是躲避由此带来的不适，这些都是造成拖延的基础。当你决定打扫地下室的时候，你自我欺骗的声音在说你不想做，你感到劳累，你觉得紧张感在迅速增强。一般你把这种紧张作为回避的信号。但这次你改变了主意，你命令自己打扫地下室，在走向地下室和打扫的过程中自言自语，把欺骗命令的结果同立即行动的结果相对比。

融合练习的本质是承认拖延的习惯，并且承认个人的价值是停留在大脑中不同层面上的。

第四步，接受：对不完美的宽容。

在这一阶段，人们会逐渐接受这样的观点：他们的优良品质不会消失，即使他们在拖延。但是，他们能够用立即行动的能力来按时完成必要的任务。

接受的练习：

3种想法可以帮助你建立对自我接受的认识。

认可在每一个人的思想里都存在着潜在的拖延意识。这种观点比起用同样的方式对人进行认识来说，更为容易，因为承认拖延是负面的判断。

对拖延的指责是典型的无意识地浪费时间和精力。认可的本质，是在你坚持拒绝把自己置于拖延的环境中时，承认把问题叠加在一起的紧张和压力。

拖延的人会荒谬地对其他的拖延者想出苛刻的对策。这种揭丑的表现反映了自我批评和抱怨的核心。

第五步，实现：坚持与扩大成果。

实现是指立即去行动，而不是做无谓的耽搁。

这个过程包括：对问题的理解；行动的计划；完成行动计划；对新的自我理解、陪伴或者跟从的行动的适应；接受个人在效率和效力上的差异，以及伴随而生的有待改正的弱点和错误；把立即行动的方法推广到相应的可以应用的场合。

由于你养成了实现最重要和最有建设性愿望的习惯，所以，你几乎不会有感到本该、可以和应该的遗憾。

实现的练习：

在这一阶段，拖延的个人具有相对一致的自我，他们会建立、推广和修改他们支持、加强和保持这种积极方向的能力。

（1）设短期目标。

为自己制订一个10分钟的目标，然后在接下来的10分钟内做一些让你更接近目标的事情。假如10分钟的目标对你来说太艰巨，也可以设立5分钟或者1分钟的目标，并遵循同样的程序。任何程度的决心都能创造动力，一旦你下定决心采取行动，那股动力便会鞭策你继续前行。只要持续行动，便有可能完成许多事情。

（2）设定最后期限。

产品在促销时都会定一个最后期限，以此诱发客户立即行动。你也可以这么做。

不妨想象自己只剩1年的生命，将它化作激励你前进的动力。如果没有效果，就把时间缩短至6个月，或者1个月。我们无法得知什么时候生命会结束，这样的不确定性让人们以为自己拥有无限的时间。但事实上，生命相当短暂，应该把握今天，掌握当前，立即行动。

（3）固定的行动时间。

选定一段固定的行动时间，哪怕只是一个小时，把每一天或每个星期中的该段时间空下来，专注在达成目标上，其他什么事都不要做。

（4）求助。

向信任的人寻求帮助，例如，要求好朋友经常询问你计划的进度，也可以要求你的爱人在你懈怠的时候温柔地提醒你继续行动。不过，请避免与不相干的人过度讨论你的目标，因为，只是过度讨论目标而不积极追求会动摇你的决心并延缓进度。

（5）利用外在刺激。

试试励志格言的力量吧！励志格言含有能量，能够产生一定的刺激作用，是我们用来将内心想法转换成具体行动的工具之一。

下面讲述的一些内在与外在的激励方法，可以帮助你跳出借口的桎梏，不为拖延找任何借口。

第一，尽量不去参与会使你受到指责或者抱怨的场合。

第二，没有必要为拖延找一些不充分的理由，以此来提高你的声誉。

第三，把时间和精力安排得紧凑些，而不是拖拉。

第四，给自己更广泛的选择。

第五，增强对挫折的忍耐力，这些挫折是面临不愉快的事情时产生的。

第六，采取有指导性的和自信的生活方式。

第七，体验提高自我效率的感觉。

第八，从你紧凑、有目的、有组织和创造性的努力中奉献和获取增强的能力，把它展示出来。

4.非理性抱怨只能导致拖延的加重

抱怨本身是一种正常的心理情绪，当一个人自以为受到不公正的待遇，就会产生抱怨情绪，所以，几乎每个公司都能听到这样的声音：

"为什么老板总是让我干这样无足轻重的事情？"

"他们一点也不关心我，这算什么团队？!"

"为什么又让我跟他负责一个项目？还不如我一个人做。"

"什么时候老板才会想到给我加薪？"

……

抱怨的人无非就是想要宣泄心中的不快和不满，并期望得到一个满意的回答，来改变自己的现状。可实际上会怎样呢？非理性的抱怨只能导致拖延症的加重。

（1）期望不合理导致失落。

若总是抱着不切实际的幻想，或是不能随着社会环境的发展变化而灵活适应，就会反复受挫，从而怨言不断。比如，不顾自身条件而坚持用完美的标准来挑选结婚对象，结果只能一直孤独下去；老年人总是坚持过去的价值观和生活方式，不能学会欣赏并接受新事物、新变化，难免会有被社会遗忘的失落感。

（2）缺乏自信和行动力导致一拖再拖。

抱怨别人是一件相对容易的事，因为把过错推到别人头上，自己仿佛就没有责任了。不敢承认自己的缺点和失败，不愿承担改变和行动的责任，这是缺乏自信和行动力的表现。

抱怨往往来自于内心的害怕：害怕别人知道你做事不利的根源在于你自己，害怕面对事情，害怕面对问题本身，害怕和别人交流。

例如，当事业上遭遇失败时，你会带头抱怨，你害怕遭到别人的质疑或嘲笑，于是，你告诉你的朋友，你不是没有努力，而是客观环境非常恶劣，好像这个行业不可能成功一样。但事实并非如此，你失败的原因多半在于你自己本身，要么就是没有努力，要么就是没有找对方法。而那些听你抱怨的人呢？他们会根据你所说的频频点头，这样的结果让你满意——"看，我就知道问题不在我，他们也是这么认为的！"

当你面对一个难题的时候，你的恐惧之心占了上风，你害怕不能战胜难题，你同样害怕自信心被伤害。于是，你又开始抱怨，想避开痛苦，你想通过抱怨削弱自己内心的恐惧。今天，上司给了你一个策划书，让你在明天早上开会前准备好。天哪，这对你来说真是件不容易的事。你真的害怕准备不好而遭到上司的责备和同事的鄙视，于是，你在开始行动之前又忍不住抱怨起来："老板真是不公平，让我在这么短的时间做这么难的事！""小李明明比我清闲，为什么偏偏不找她？真倒霉！"

你恐惧的内心让你终日抱怨，于是你意志消沉，变得软弱，做起事来只能一拖再拖。

（3）习惯性抱怨导致拖延心理的产生。

如果你被别人欺骗了，你可以怨天尤人，痛骂社会，甚至自责，但事情却不会因这些而有所改变，这一切只改变了你和日后的生活，让你背负着疤痕活下去。

现实中存在不少这样的人，他们把抱怨当成聊天的一个内容，而不会寻找其他的话题。即使没有特别的事情发生，他们可以抱怨的事情也是五花八门：天气、交通状况、商场里拥挤的人群、银行里的长队、变老的事实、待遇太少、疾病的困扰、子女的问题等。

大多数人都觉得抱怨是一种很好的发泄工具，能在受到挫折或面临困难的时候放松自己的心情，却忽略了这种情绪对自己的严重影响。

爱抱怨者，可能很难意识到：很多抱怨都是他们自己一手造成的！你的工作没做好，上司自然会找你麻烦；你不注意减肥，当然没有适合你的衣服；你不看天气预报，被雨淋了又能怪谁？所以，当你试图抱怨的时候，不妨先从自己身上找找原因。否则，一旦你养成了抱怨的习惯，就会把自己的问题隐瞒起来，最终，你成了问题重重的员工，上司只能痛下决心……你会失去那些本来喜欢你的朋友，因为你的抱怨让他们感到心烦；你的家人会感到失望，因为你让他们跟着你遭受了太多的不愉快。这会形成恶性循环，你的抱怨会更加严重，你的心境会变得更加糟糕，从而导致习惯性拖延心理的产生。

5.懒惰、拖延的结果是平庸

有一位老农，他的农田中多年来一直横卧着一块大石头。这块石头碰断了老农的好几把犁头，还弄坏了他的农耕机。老农对此无可奈何，巨石成了他种田时挥之不去的心病。

一天，在又一把犁头被碰坏之后，想起巨石给他带来的无尽麻烦，老农终于下决心弄走巨石，了结这块心病。于是，他找来撬棍伸进巨石底下，却惊讶地发现，石头埋得并没有想象的那么深，稍微使劲就可以把石头撬起来。老农脑海里闪过多年被巨石困扰的情景，再想到可以更早些把这桩头疼事处理掉，禁不住一脸苦笑。

这个故事是在提醒我们，遇到问题应立即处理，绝不可拖延。拖延不仅会使工作变得平庸，给人带来许多烦恼，还会给人造成一定的，有时甚至是巨大的损失。

造成拖延的原因有很多，其中，"懒惰"是对成功最有害的因素。

人们常常惊异于文艺家的创造才能，爱用"才"和"灵感"这样的术语去解释作家的智力。其实，作家的智慧虽然与观察、记忆、想象、美感能力有关，但是，影响作家成才的条件并非都是智力作用的结果，一个最重要的因素就是勤奋。

高尔基说："天才就是劳动。"

海涅说："人们在那儿高谈着天气和灵感之类的东西，而我却像首饰匠打金锁链那样精心地劳动着，把一个个小环非常合适地连接起来。"

这些大师们的名言充分说明了勤劳对于成功的重要性。

托马斯·爱迪生在留下如此多伟大发明的同时，也留下了一句不朽的名言："勤劳是无可替代的。"

1991年5月，已经成为威斯康星大学教授的王洛勇去百老汇看了《西贡小姐》。看完后，他突然有一种冲动，觉得自己能够演好剧中的主角皮条客工程师，于是费尽周折，他见到了百老汇专门选演员的导演克利夫。

克利夫约定他第二天去试戏。第二天，王洛勇试唱了一段百老汇音乐剧《南太平洋》，他信心十足，没想到克利夫打断了他的演唱，说《南太平洋》太抒情，不符合他所要演的皮条客工程师的角色。

第二次，王洛勇新选了一个曲目，又去试唱，结果又被拒绝。

后来，王洛勇突然想出了一个破釜沉舟的决定。他决定辞去学校的工作，从一个普通演员开始，和自己的学生去竞争，一点一点走进美国的演艺圈，一点一点闯入百老汇。他相信：苦心人，天不负。

在美国唱音乐剧，首要的是一口流利、纯正的英语。一位教授为

不
瞎
忙
，
不
穷
忙

——哈佛时间管理课

了校正发音，用红酒的软木塞给他做了一串像钥匙的东西，让他咬着软木塞发音。一次到海边玩，王洛勇发现石头坚硬，他就试着把石头含在嘴里，这么一练，同样有效果。就这样，他天天含着石头练发音。

就这样，王洛勇屡败屡战，先后闯荡了8次。

1995年5月中旬的一天，王洛勇得到通知，百老汇请他去演《西贡小姐》中的皮条客工程师。

这一天，王洛勇作为《西贡小姐》的主角站在了梦寐以求的象征着世界戏剧最高水平的百老汇舞台上。

王洛勇说："要想做一名真正的艺术家，必须过一种非常自律的生活；你只有付出比别人更多的勤奋，幸运之神才会眷顾你。"

可见，只有勤奋才能做好工作，使人获得成功。

曾国藩小时候不但没什么天赋，甚至还可以说有点笨。有一天，他在家读书，一篇文章不知重复了多少遍，却还是背不下来。当晚，他家来了一个贼，潜伏在他的屋檐下，希望等他睡着之后捞点好处。可是等啊等，曾国藩还在翻来覆去地读那篇文章，就是不睡觉。贼人大怒，跳出来说："这种水平还读什么书？"然后就将那文章背诵了一遍，扬长而去。

这个贼人是很聪明，但他终究只是个贼，而曾国藩却是毛泽东主席都钦佩的人："愚于近人，独服曾文正。"

"勤能补拙是良训，一分辛苦一分才。"伟大的成功和辛勤的劳动是成正比的，有一分劳动就有一分收获，日积月累，从少到多，奇迹就可以创造出来。

美国政治家靳兵泉·克莱曾经说："遇到重要的事情，我不知道别人

62

会有什么反应，但我每次都会全身心地投入其中，根本不会去注意身外的世界。那一刻，时间、环境、周围的人，我都感觉不到他们的存在。"

一位著名的金融家也有一句名言："一个银行要想赢得巨大的成功，唯一的可能就是，它雇了一个做梦都想把银行经营好的人做总裁。"

本来枯燥无味、毫无乐趣的职业，一旦投入了热情，一旦付之于勤奋，立刻就会呈现出新的意义。

一个陷入爱河的年轻人往往会有更敏锐的感觉，能在他所爱的人身上看到其他人都看不到的种种优点。同样，一个充满热忱的年轻人，他的感觉也会因此变得敏锐，可以在别人看不到的地方发现动人的美丽，这样，即使再乏味的工作、再艰难的挑战，都可以承受下来。

不管你的工作怎样简单枯燥，只要你对它付之以艺术家的精神，付出十二分的勤奋，你就可以从平庸卑微的境况中解脱出来，不再觉得劳碌辛苦，厌恶的感觉也会烟消云散。

6.防止完美主义成为效率的大敌

某家出版社的老板计划出版一本大型统计资料集，由于他相当重视数据部分的视觉设计效果，所以，除了编辑人员，他还另外找了两位设计人员参与编辑工作。当时的电脑绘图技术还不完备，设计人员是以一一描画数据的方式制作完稿的。这样的作业方式相当费工，因此花费了不少时间。

原本老板认为，所要出版的是最新的资料集，所以就算内容繁杂也无所谓，只要能在6个月内完成就可以。但是设计人员力求完美，要求10个月的制作时间。而由于总编辑有过辞典编辑的经验，也希望能制作出最完美无疏漏的作品，于是，资料集的制作周期一拖再拖。一年后，完稿的部分只有八成左右，但别的出版社已经有类似的资料集上市了，此时就算继续完成也没什么意义了，之前投下的金钱和人力全部打了水漂。

除了必须花费长时间进行编订的辞典之外，一般来说，出版工作应以时效性为大前提，其他行业也一样。在这个变化迅速的时代里，效率是决定事业是否成功的最大条件。虽然在艺术创作或学术论文方面，某些方面成果的完美与否比速度的快慢更重要，但在一般的商业上，时间就是一切。在所限定的期限内尽可能要求工作表现得完美，可说是商业往来的原则。

不拖延主义者认为："工作的态度必须是一开始要求完美，但最后只需做到八成即可，剩下的两成则留待下次的工作完成。"

仔细观察身边一些真正忙碌的人，你就会发现，他们多半擅长运用机动力，以不拖延主义的态度积极努力。

（1）以"八十分就可以"的态度完成艰难的工作。

真正忙碌的人擅长运用机动力，和"真正忙碌的人不会瞎忙"是同样的道理。要想同时活跃于许多舞台，就不能老是回顾已经完成的工作，对于不尽完美之处，应该以乐观的态度等待下次伺机改善。光是烦恼这样不好、那样不对，只会徒增压力，无法为下次的工作机会酝酿充分的干劲。

从另一种角度来看，那种容易陷入深思，或是坚持完美主义的人，这样的表现态度也刚好证明了他们的空间。

主张完美主义和天生动作迟缓的人，必须设法借由工作的磨炼慢慢克服自己慢动作的毛病，每日多处理期限性的工作，机动力自然就会渐渐提高。

许多成功人士的处事原则是工作开始时一定要要求完美，但只要达到一定的水准便应该满足；就算遇到问题，只要能牢记在心，作为下次的参考即可，不需要过度在意。这种"八十分就可以"的心态，就是让你熬过漫长艰苦工作的秘诀。

想要在这个充满压力的时代中活得轻松快活一些，就要试着让自己凡事抱持着尚可的态度。

(2) 完美主义将造成工作上的恶性循环。

我们建议大家行事要"力求不拖延"，不必太坚持完美，但如因此产生误解也不好。所谓力求不拖延，应该是在执行工作之时，而非最初的计划阶段。如推出何种商品、该采用什么样的销售方式等工作计划，必须尽可能收集完美的信息，一旦开始执行各项事务，难免会发生种种状况，即使结果与预期相反，也是家常便饭。为了突破这些障碍，事先预设可能会有20分的误差，也就是"不拖延主义"的态度，是很重要的。

如果身为主管却无法在工作中摆脱完美主义的束缚，那么，他的负面思考心态将可能让工作发生以下几种恶性循环：将时间浪费在追究失败的原因上；顽固地斥责不听指示行动的部属；为了要求完美，延误完成日期；因延误完成日期，造成工作环境人人心情沉重。

换句话说，完美主义的人常因过度在意无法达到的20分而使不完美的部分越来越多。

有些人是因为钻牛角尖、神经质等个性使然，无法摆脱完美主义的束缚，但也正如"名选手不一定就是名教练"一言，有些人虽然自己能力很强，却不擅为人主管。这样的人，因为自己的工作成果总是在95分以上，所以自然无法认同只能做到80分的人。

无论是怎样的情形，在追求完美的主管周围常有一味追究失败原因者，或是抱怨谩骂、人际关系僵化等阻碍组织活性化的情形发生。所以，身为主管，不如将合格分数定在80分，如果得到80分以上，便大方地给予赞赏，如此，部属工作的心情也会更愉快，从而获得更好的工作成果。与负面思考所带来的恶性循环相反，这是一种正面的循环。

在完美主义型主管的斥骂指导之下工作的部属，往往也会变成同类型的吹毛求疵之人，这是必须注意的。从古至今，只有三种手段可以让人听命行事，那就是恐吓、报酬、建立共识，而三者中能够最自然地赋予人勇气与意愿的当属建立共识——大家应牢记这一点。

（3）防止完美主义成为效率的大敌。

盲目地追求完美并不可取，在保证工作质量的基础上拥有更高的工作效率才是最重要的。一个单子做得再完美，它也不会变成两个，只有想方设法签到更多的单子，工作效率差才能提高，工作业绩才能上去。所以，不要在一些不必要的问题上花费太多的心思以追求所谓的完美。作为一名员工，永远要记住一条：公司追求的是效益，只有获得最大的效益才是最完美的结果。

在工作中，我们不用事事都做到最好，因为，那样即使不会产生负面效应，对工作的整体评价也不会有太大的好处。把重要的事情解决好，让自己的能力之箭射得又远又准，这样就是出色地完成工作了。

7.不要做过于谨慎的犹豫先生

执行出错带来的危害远不如行事犹豫不决带来的危害大，静止不动的事情比运动中的事物更容易损坏。

世界上有很多人光说不做，总在犹豫；有不少人只做不说，总在耕耘。

成功与收获总是光顾有了成功的方法并且付诸行动的人。

过分谨慎和粗心大意一样糟糕。

如果你希望别人对你有信心，你就必须用令人信赖的方式表现自己。

过度慎重而不敢尝试任何新的事物，对你的成就所造成的伤害，就像不经任何考虑就突发执行的后果一样严重。

没游过泳的人站在水边，没跳过伞的人站在机舱门口，都是越想越害怕，人处于不利境地时也是这样。

治疗恐惧的办法就是行动，毫不犹豫地去做。再聪明的人，也要有积极的行动。

有一个6岁的小男孩，一天在外面玩耍时，发现了一个鸟巢被风从树上吹掉在地，从里面滚出了一只嗷嗷待哺的小麻雀。小男孩决定把它带回家喂养。当他托着鸟巢走到家门口的时候，突然想起妈妈不允许他在家里养小动物。于是，他轻轻地把小麻雀放在门口，急忙走进屋去请求妈妈。在他的哀求下，妈妈破例答应了。小男孩兴奋地跑到门口，不料小麻雀已经不见了，他只看见一只黑猫正在意犹未尽地舔着嘴巴。小男孩为此伤心了很久。但从此他也记住了一个教训：只要是自己认定的事情，绝不可优柔寡断。这个小男孩长大后成就了一番事业，他就是华裔电脑名人——王安博士。

思前想后、犹豫不决固然可以免去一些做错事的可能，但更大的可能是会失去更多成功的机遇。

在四川的偏远地区有两个和尚，其中一个贫穷，一个富裕。

有一天，穷和尚对富和尚说："我想到南海去，您看怎么样？"

富和尚说："你凭借什么去呢？"

穷和尚说："一个饭钵就足够了。"

富和尚说："我多年来就想租条船沿着长江而下，现在还没做到呢，你凭什么去？"

第二年，穷和尚从南海归来，把去南海的事告诉富和尚，富和尚深感惭愧。

穷和尚与富和尚的故事说明了一个简单的道理：说一尺不如行一寸。没有果敢的行动，一切梦想都只能化作泡影。现实是此岸，理想是彼岸，中间隔着湍急的河流，行动则是架在河上的桥梁。

令人筋疲力尽的并不是做的事本身，而是思前想后、患得患失的心态。一个失败者的最大特征就是顾虑再三，犹豫不决。

伟大的作家雨果说过："最擅长偷时间的小偷就是'迟疑'，它还会偷去你口袋中的'金钱'和'成功'。"诚然，我们没有100%的把握保证每一次决定都能获得成功，但现实的情况就是等待不如决断。在机会转瞬即逝的当代社会，等待就意味着"放弃"，成功者宁愿"立即失败"，也不愿犹豫不决。

所以，获得成功的最有力的办法，是排除一切干扰因素，迅速做出该怎么做一件事的决定，并且，一旦做出决定，就不再继续犹豫不决，以免决定受到影响。

古罗马有一位哲学家，他博览群书，富有才情，很多女人迷恋他。

一天，一个女子来敲他的门，说："让我做你的妻子吧！错过我，你将再也找不到比我更爱你的女人了！"

哲学家虽然也很喜欢她，却回答说："让我考虑考虑！"

哲学家犹豫了很久，终于下定决心娶那位女子。哲学家来到女人的家中，问女人的父亲："你的女儿呢？请你告诉她，我考虑清楚了，我决定娶她为妻！"

女人的父亲冷漠地回答："你来晚了10年，我女儿现在已经是3个孩子的妈了！"

哲学家听了，几乎崩溃。后来，哲学家忧郁成疾，临终时，他将自己所有的著作丢入火堆，只留下一句对人生的批注——下一次，我绝不犹豫！

面对选择，一定要迅速做出决断，哪怕做出错误的选择也好过犹犹豫豫。因为，机会一旦错过，就不会再有了。

心理测验：你是犹豫的拖延者吗

家里失火，先去灭火，还是先抢救财物？在这种情况下，必须毫不犹豫地做出抉择。

人们在选择目的、采取决定和执行决定的过程中，能够迅速和坚决地进行决断的能力就是果断。

人的果断性以自觉性和深思熟虑为前提，以大胆勇敢为条件，是意志坚强者的一种优良品质。

我们每人每天都要做出一些这样或那样的决定，所处理的内容通常是出现在工作和生活中的琐事。但是，一个决定往往会影响到许多人。

有时，我们必须在几分钟内做出决定；有时，会有几个小时或几天的时间去思索、犹豫，甚至饱受折磨。无论是处理公务，还是解决个人或家庭的难题，都是如此。

我们大家对待做决定的态度并不完全相同：有的人办事无须苦思冥想良久，正如俗话所说，"快刀斩乱麻"；而拖延症患者却奉行"三思而后行"的准则。你能说出自己对这一问题的态度吗？是果断？是草率从事？或者恰恰相反，是犹豫不决？

小测试

请你对下列问题回答"是"或"否"。

(1) 你能在新的工作岗位上轻而易举地适应与你过去的习惯迥然不同的新规定、新方法吗？ （ ）

(2) 你能很快适应一个新集体吗？ （ ）

(3) 如果你知道自己的看法与上司的观点相反，你还能直抒己见吗？
（ ）

(4) 要是有人在其他单位为你提供了薪俸更优厚的职位，你会毫不犹豫地答应前往吗？ （ ）

(5) 犯了错误，你是否打算矢口否认自己的过失，并寻找适当的借口为自己开脱？ （ ）

(6) 一般情况下，你能直言不讳地说明自己拒绝某事的真实动机，而不以各种虚伪臆造的原因和情况来掩盖它吗？ （ ）

(7) 经过认真讨论，你能改变自己原先对某一问题的见解吗？ （ ）

(8) 如果你阅读某人的作品（公务或受人之托），它是正确的，可你不喜欢作者的写作风格，换了你，决不会这样写，那么，你是否会修改这部作品，并坚持要按自己的意愿将它改头换面呢？ （ ）

（9）如果你看见商店的橱窗里有一件你很喜欢的东西，即使这件东西不十分必需，你也会买下它吗？（　）

（10）你是否会在有影响人物的劝阻下改变自己的决定？（　）

（11）你是提前计划自己的假期，而不是见机行事吗？（　）

（12）你是否一贯信守诺言？（　）

评分规则

这12道题目按下表确定你所得的分数：

问　题	(1)	(2)	(3)	(4)	(5)	(6)	(7)	(8)	(9)	(10)	(11)	(12)
"是"的得分	3	4	3	2	0	2	3	2	0	0	1	3
"否"的得分	0	0	0	0	4	0	0	0	2	3	0	0
得分合计												

测评分析

0~9分：你很犹豫。遇到任何问题，你都会长久地苦苦掂量"是"还是"非"。如果能将做决定的担子卸给别人，你就会长舒一口气。在做出一项决定之前，你要和别人商量很长时间，而做出的决定又往往是模棱两可的。每逢会议，你情愿缄口不言，尽管在休息室里你既勇敢又健谈。请不要试图把这一切都归结为你"天生的"审慎。不，这实际上是怯懦的表现。和你这样的人很难一起生活和共事，即使你学识渊博、阅历丰富，这种优柔寡断的性格特点也会大大降低你的"有效系数"。至少，你难以让别人产生依赖性，甚至还会牵连别人。诚然，重新塑造性格绝非易事，但这毕竟是可以做到的。请你从点滴小事做起，冒险按自己的意愿做出决定。这不会对你有任何影响。

10~18分：你做决定时小心谨慎。不过，碰到需要当机立断的重大问题时，你决不会踢皮球。通常，只有在有足够时间做决定时你才会犹豫不决，于是，各种各样的疑虑一齐向你袭来。你非常想去和上级"商量"，征得他们"同意"，尽管这个问题在你的职权范围内完全能解决。请更多地依靠自己的经验，它会告诉你如何正确处理问题。最后，你再去听取同事和下属的意见。这并不是为了留后路，而是为了检验自己是否正确。

19~28分：你没有拖延症。你的逻辑、研究问题时思维的连贯性以及你的经验，能够帮助你迅速地、基本正确地处理问题。当然，有时也会出现个别疏忽，可你能意识到并采取措施补救。你很自信，不常深入群众，但你并不忽视别人的意见。一经下定决心，你就会坚持到底。不过，只要发现错了，你也不会一意孤行以维护自己的脸面。这些都很好，但是，请你努力使自己永远保持客观，不要再认为就那些自己不大在行的问题去请教旁人而有失尊严。

29分以上：不果断对你来说完全是一个陌生的概念。你认为自己对工作中遇到的一切问题都是行家里手，没必要弄清别人的意见。你理解的首长负责制就是个人有权独断专行，因而，批评意见往往会使你暴跳如雷，你甚至不愿对此稍加掩饰。当有人称你是一个坚决果断、意志刚强的人时，你会印象深刻。其实，上述有关你的所作所为根本不是意志的表现。为了使周围的人确信这种看法的正确性，你经常否定他人正确的意见。你片面地对待错误，深信那只是别人的过失，而不是你的，唯我独尊，这是一个严重的缺点。如此的性格特点，如此的工作作风，只会打击下属的积极性，压制他们独立工作的愿望，使他们变得优柔寡断。这正是你所要避免的。所有这些丝毫无益于事业，只能给集体带来严重的心理创伤，影响工作的开展。这是不行的，你必须马上改变自己的工作作风！

提示：9分以下和29分以上，都属于偏激性格，均不利于对问题的处理，更不利于职业成功。唯一的办法就是通过历练，使自己逐步求得完美，既不犹豫拖延，又不专横跋扈。

第四章

忙到点子上
——成功在于把握好关键的几步

1.抢占先机才能赢得制高点

在战争中讲究兵贵神速，在功夫中也有"天下武功，无坚不摧，唯快不破"的说法。这些说的都是一个速度制胜的道理。确实，在当今时代，形势瞬息万变，任何事情都处在快速的变化中，没有什么是恒定不变的，所以，速度非常重要。

作为我们民族品牌的骄傲，海尔的崛起便是一个速度制胜的过程。

自2000年10月起，每周六的上午，海尔中高级经理人都要进行互动式培训。海尔集团董事局主席兼首席执行官张瑞敏与海尔集团总裁杨绵绵都是"老师"，而"教材"则是各产品事业部在近一周内所发生的市场案例。

在一次互动培训课程中，面对70多位中高层经理，张瑞敏提出互动培训的主题是"推进流程再造"，并首先出了一个很像"脑筋急转弯"的问题："你们说，如何让石头在水上漂起来？""把石头掏空！"有人喊道，张瑞敏摇摇头。"把石头放在木板上！"张瑞敏说："没有木板！""做一块假石头！"大家哄堂大笑。张瑞敏说："石头是真的。"

此时，海尔集团副总裁喻子达顿悟："是速度！"张瑞敏斩钉截铁地说："正确！"他接着说："《孙子兵法》上有这样一句话：'激水之疾，至于漂石者，势也。'速度能使沉甸甸的石头漂起来。同样，在信息化时代，速度决定着企业的成败。海尔流程再造就是要以更快的响应市场速度来满足全球用户的需求！"

作为一家国际知名企业，海尔集团拥有一流的管理能力和水平。在其管理背后，发挥基础作用的是海尔独具特色的企业文化。

在进军PC市场的过程中，海尔更深刻体会到了"速度制胜"的含义，这个故事也成了该公司内部经常学习的经典案例。在激烈的IT竞争中，海尔电脑依靠速度生存，奠定了其在PC市场的地位。

总结海尔从发展之初到今天所取得的成功经验，离不开一个"快"字。

从海尔的发展过程和管理理念中，我们能看出速度对于一个企业的生存和发展有着多么大的意义。在当今商业领域的竞争往往都是速度的竞争，谁能够抢得先手，谁就能够占得先机，所谓后来居上，那只是被迫的无奈之举。

世界五百强之一的三星集团同样看重速度的作用，他们的管理理念中就有一个"速度定律"。

三星自创业初期，就在激烈的市场竞争中摸爬滚打，逐渐探索出了一套行之有效的法则——速度定律。三星秉承这一克敌制胜的理论法则，屡创战功。

三星电子CEO尹钟龙分析：新产品就像生鱼片一样，要趁着新鲜赶快卖出去，不然等到它变成"干鱼片"，就难以脱手了。这就是三星著名的"生鱼片"理论：一旦抓到了鱼，就要在第一时间将其以高价出售给第一流的豪华餐馆；如果不幸难以脱手，就只能在第2天以半价卖给二流餐馆了；到了第三天，这样的鱼就只能卖到原来1/4的价钱；而此后，就是不值钱的"干鱼片"了。

以此类推，在电子产品的开发与推广中，也是同样的道理：在市场竞争展开之前把最先进的产品推向市场，放到零售架上。这样，通过打时间差就能赚取高额的回报。

尹钟龙认为，在数码时代，市场已形成了群雄逐鹿的格局，没有先来后到之分，因为大家都可以轻易地获得相同的技术，真正起决定作用的是商业智慧与速度。正如《孙子兵法》讲，兵贵神速，不战而屈人之兵。三星以速度取胜，不断推陈出新，领先市场一步，确保"人无我有、人有我优"，产品永远是电子市场上新鲜的"生鱼片"。

众所周知，三星并不是第一个吃"螃蟹"的手机制造商，但它生产的手机品种却是最多的，一年内生产了100多种款式，是诺基亚新品的两倍之多；三星并非MP3闪存和数码照相机的先驱，但现在却成为了这一利润可观市场的领军人物；三星也不是手机CDMA技术的鼻祖，但它却率先在亚洲制定了CDMA的商业化标准……

三星深知，先人一手，才能抢占市场的制高权。

这就是速度制胜的道理。当宏观的决策和计划都差不多的时候，行动的速度便成了拉开差距的方法。先人一步，抢占先机，便能取得胜利的制高点；而犹豫不决，步履缓慢，则只会落人之后，成为被淘汰的对象。这是商业竞争的道理，也是我们做任何事情的道理。

2.机遇从来不会主动上门

一些人错把运气当成机遇，结果选择了"守株待兔"，苦苦等待机遇的到来：等待创业的机会，等待出国的机会，等待投资的机会，等待买房的机会……结果，预料中的机会并没有如约而至。

在美国一家大型公司，一次座谈会上，董事长让每一位参加的员工都站起来，看自己的椅子。结果，每个人都在自己的椅子下发现了美钞，最少是1美元，最多的有100美元。各位员工都很惊讶，董事长只说了一句话："我只想告诉你们——坐着不动是永远得不到钱的！"机会要靠你自己去寻找，而不是等待别人送到你手心。

默巴克在闲暇的时候，总是在学生公寓的各个地方打扫，墙角、沙发下面、床铺下面，他都清理得很干净，在打扫的过程中，他经常能扫出许多沾满灰尘的硬币，有1美分的、2美分的，还有5美分的。

当默巴克将这些硬币还给宿舍的那些同学时，并没有人表现出对这些硬币的热情。他们根本就不屑一顾，他们对默巴克说："这些硬币送给你了。"

一个月后，当他把积攒起来的硬币数了一下后，居然发现有500美元之多。他通过收集硬币资料得知：国家每年有105亿美元的硬币被大家扔在各个角落里面安静地睡大觉。看到这个数字，默巴克想，如果能有效地利用这些硬币，这将是一笔巨大的财富。这样既能解决人们为手中硬币的出路而烦恼的问题，又能为自己带来可观的利润，这是一举两得的好事。

大学毕业后，默巴克选择了自己创业，成立了"硬币之星"公司。

他花了几千美元购置了一些自动换币机，安装在各个大型超市内。机器每分钟可以数出600枚硬币，顾客也不需要等待，只需将手中的硬币投进机器内，机器就会转动点数，最后打出一张收条，写出硬币的价格，顾客凭收条到超市服务台去领取现金。自动换币机要收取约9%的手续费，所得利润与超市按比例分成。

"硬币之星"大获成功，颇受人们的喜爱。仅仅5年时间，"硬币之星"公司便在全美8900家主要超市连锁店，设立了10800个自动换币机，并成为了纳斯达克的上市公司。这个业务迅速让穷小子默巴克成了令人瞩目的亿万富翁，人们都称默巴克是"硬币兑出来的大富翁"。

机遇不是等公共汽车，不是站在那里，它就会来，它需要你自己主动去发现、去寻找。日本著名企业家松下幸之助说："经营者必须有发现机遇的眼光，不断创造新的经营方式，来领先时代。"

对于机遇来说，最重要的就是发现。善于发现机遇就意味着永远将机会和主动权掌握在自己手里，这比任何人的帮助都要重要，这也是一个想把生意做大的企业家必备的要素。

1973年，年仅15岁的格林伍德收到了自己的圣诞礼物——一双溜冰鞋。拿到这件礼物后，格林伍德马上就跑出了屋子，到离家很近的结了冰的河面上去溜冰。

可是，天气非常寒冷，溜冰的时候，他的耳朵被风吹得像刀子割似的发疼。他戴上了皮帽子，把头和腮帮子都捂得严严实实的，可是时间一长，他直冒热汗。格林伍德想，应该做一件能专门捂住耳朵的东西。回家后，他请妈妈按照他的意思做，妈妈摆弄了半天，给他缝了一双棉耳套。

格林伍德戴上棉耳套去溜冰时，果然保暖作用很好。一些朋友看见，都向他要。格林伍德和妈妈商量了以后，把祖母请来，一起做耳套。经过几次修改，耳套做得更实用、更美观了。格林伍德把它叫作"绿林好汉式耳套"，并且向美国专利局申请了专利。

格林伍德后来成为了世界耳套生产厂的总裁，因为这项专利，他成为了千万富翁。

有心人在一举一动中就能发现机会。生活中司空见惯的东西，换个角度去考虑，往往就会发现其中隐藏了许多"金子"。机遇是那样广泛的存在，又是那样公平与客观。当我们失去机遇时，我们不能怪别人，只能怪自己。而更多的时候，我们失去了机会，自己却完全没有意识到。

犹太人有句古老的谚语："财富就在一码之内。"但尽管如此，机遇也从来不会主动过来投怀送抱，所以，我们要学会培养一种敏锐的眼光，这种眼光可以让我们在纷乱嘈杂的环境中看到最本质、最便捷的地方，可以让我们在别人没有见到或者见到了却没有在意的时候意识到事情本身的价值。

3.再不冒险，我们就老了

越来越多的年轻人为了梦想而离家远行，北上南下寻找人生方向，于是有了"北漂"，有了"港漂"。每一个漂泊者都有自己的故事，或许充满荣光，或许饱含辛酸，或许平平淡淡。但无论结局如何，他们都很少后悔自己的选择。

　　与其天天宅在家里打游戏、上网聊天，或者守着一份撑不着、饿不死的工作享受安逸，不如趁年轻出去闯一闯。人生最痛苦的就是后悔当年不曾为了梦想而勇敢地闯荡，最遗憾的便是不曾为了未来注满热血，放手一搏。年轻，最需要的就是一个人过一段沉默而执拗的日子，沉浸在充满力量的奋斗和努力中。对年轻人来说，磨砺才叫生活。

　　新东方创始人俞敏洪曾经这样说道："我发现成功人士都有一个特质，就是不安分，敢于闯荡。比如我父辈当中的很多成功者，都是随着改革开放放弃了原来的铁饭碗，只身闯荡江湖的。但这绝对不是什么'懂得放弃'的精神，而是因为他们不安分，不满足于眼前安稳的现状，我就遗传了这样的不安分基因。"

　　他还说："我不喜欢按部就班的生活，安逸让我心里不安分。其实，北大已经给了我很大的自由，因为一周上课才8小时，这之外就全是你的时间。每个月的奖金和工资还照拿，基本就是挺安逸的。要按这个走下去，就是一个挺安定的生活。但后来我又想这不太符合我的个性，因为我在外面尝到了甜头，看到我在外面一个月可以上出北大10个月的工资。"

　　就这样，从北京大学辞职的俞敏洪顶着寒风，冒着烈日，骑着自行车在北京的大街小巷里贴小广告，在一座漏风的违章建筑里创办起了新东方英语培训学校。

　　后来，新东方成功登陆美国主板证券市场，俞敏洪身价在一夜之间飙升至2.42亿美元，成为中国最富有的教师。

　　很多人都喜欢讨论比尔·盖茨、乔布斯等人的成功之道，抛开技术层面和营销方面不谈，从本质上说，他们两个都是不安分的人，都曾趁着年轻时出来闯荡社会，"想给这个世界带来点新的东西"。也正是因为不安分，他们才会在尚未兴起的个人电脑上做出巨大贡献。两个人连大学都没上完就敢于创业，有多少人能做到这一点？一个循规蹈矩、"安分守己"的人，绝对不会为冒险付出任何代价。宅在家里的人不会想到另辟蹊径，单独开辟一条道路。

风险与机遇并存，机遇与风险同在。年轻时，如果总是怕失败、怕风浪，宅在家里，永远也不会碰见机遇。闻名世界的石油大王洛克菲勒就是在风险中抓住机遇的。

在美国南北战争前，时局动荡不安，各种令人不安的消息不断传出。人们都在忙着安排自己身边的事情，忙着安排自己的家庭和财产。洛克菲勒却并没有宅在家里，而是利用自己的全部智慧在思考，如何从战争中获取附加利益。他想：战争会使食品和资源匮乏，会使得交通中断，使得商品市场价格急剧波动。这不是金光灿烂的黄金屋吗？走进去，一定能满载而归！

那时，洛克菲勒仅有一家价值4000美元的经纪公司，他决定豁出一切去拼一下。在没有任何抵押的情况下，洛克菲勒用他的设想打动了一家银行的总裁，筹到了一笔资金，然后，他便开始了走南闯北的生意之路。一切都如他预想的那样，第四年，他的经纪公司的利润已经高达10000多美元，是预付资产的4倍。在第一笔生意结账后不到半个月，南北战争爆发了，紧接着，农产品价格又上升了好几倍。洛克菲勒所有的储备都为他带来了巨额利润，他的财富就像滚雪球一样越滚越大。

经过这件事，洛克菲勒记住了一个秘诀：机遇存在于动荡之中，关键在于敢于投身进去拼搏闯荡。

有人说："趁着年轻出去闯一闯吧，世界上最悲惨的事情莫过于年轻人总安于现状地宅在家里不思进取。"满足于平庸生活的人是可悲的，当一个人满足于现有的生活时，他就已经开始退化了。敢于闯荡的人总会发现一些新的东西，或者说创造一些新的东西，并且，他们总能想到别人想不到的地方，敢为天下先，这是成功的必要精神。

宅在家里的生活可能会很舒适，舒适的诱惑和对困难的恐惧确实征服了不少人，但年轻就是用来闯荡的，用青春去享福，是一种罪过，因为等到你老了，再想去闯，就闯不动了，"再不疯狂就老了"。

4.遇事冷静，才能做出正确选择

传说叙拉古亥厄洛王让工匠做了一顶纯金王冠。金王冠做成后，样式很好看，而且重量恰好等于国王给工匠的金子的重量。这使国王起了疑心，怀疑工匠偷去了若干金子，而掺入了银子和其他金属。国王命令阿基米德在丝毫不损坏金王冠的情况下，查明金王冠中是否掺入了其他金属以及掺入的重量。

阿基米德苦苦寻找解决这难题的办法，但始终没有什么进展。思考得累了，他便决定去洗洗澡，放松放松。他来到浴室，打开水管，躺进浴盆里，温热的水浸泡着他，好不惬意。他享受着这舒适的宁静……安静中，他听到有哗哗的水声。他睁眼一看，发现浴盆里的水已经满到了盆口，正在往外溢。他赶紧从浴盆里出来，发现水面又低了回去。此时，他忽然领悟到一个极其重要的科学原理。他欣喜若狂，连衣服都没穿好，就往皇宫跑去，大声喊着："我找到啦！我找到啦！"

他找到了两个原理：一是把物体浸在任何一种液体中，液体所排开的体积，等于物体所进入的体积；二是物体所受到的液体浮力，等于所排出的液体的重量。阿基米德将与金王冠等重的一块金子、一块银子和金王冠分别放在水中。金块排出的水量最少，银块排出的最多，金王冠在两者之间，这就证明了金王冠中一定掺入了其他金属。在事实面前，工匠只得低下了头。阿基米德发现的就是液体静力学的基本原理。

在这个故事里，我们看到，阿基米德在身心完全放松的情况下，静静地独处，排除了身体内外的一切干扰，让思维在有意无意中自然游荡。这时，灵感产生了，以前理不清的事情突然清晰地出现在了面前。

这是一种独处静思的方式，即让大脑休息，从苦苦思索转为放松的、下意识的思索。它和静静地独处、安静地思考问题有所不同，但它们的共同点都是要保持心灵的平静、身体的放松。可坐，可躺，可在室内，可在郊外，总之，要避开干扰，消除紧张。

平日我们看到有人遇到烦心事时，常会说：对不起，我想一个人待一会儿。这样的人是聪明的，他会通过独处静思使自己冷静下来，以一种新的平静的心态来重新看待所发生的一切。

我们也应该学会这一方法，再进一步，可以把它变成一种习惯。每天，最好是在晚上或是清晨，抽出十几分钟或半个小时，找一个无人打搅的地方静静地沉思冥想，或者干脆什么也不想，闭上双眼，深呼吸。当有杂念干扰我们的思想时，要轻轻地赶开它们，把注意力继续放在自己的呼吸上，一遍一遍重复做。这时候，我们心中的浮躁、焦虑、忧愁就会慢慢地离去。

一天，一个人正在大街上行走，突然有人喊了一声："喂！你脚下好大一个金戒指！"这人低头一看，确实是一个金戒指，看起来大约值1000元。他捡了起来，喊话的人也走了过来，说："这戒指是我发现的，应该有我一份。"这人一想有道理，但一个戒指怎么分呢？

这时，喊话的人出了个主意："这样吧，我给你200元，你把戒指给我，怎么样？"这人一想，明明值1000元的戒指，一人一半应是500元，你想多分300元，天下哪有这样的好事？于是反问道："不行，这样做你愿意吗？"

喊话的人听了，犹豫了一会儿，说："好吧！也没别的办法了，你给我加200元钱，戒指就是你的了？"

这人一阵窃喜，照办了。回家后冷静一想，才发现事情有些蹊跷。请人一鉴定，戒指是假的，一文不值。

为什么这人会上当受骗呢？因为他当时没有冷静地去想问题。

为什么他不能冷静呢？因为他心里不空，他一看见金戒指，内心的欲望就燃烧了起来：他要得到这个戒指。他心中有了这样的想法后，就无法保持冷静了，对事情的来龙去脉也就不去思考了，如此，自然会上当受骗。

几乎所有的骗子和骗术都是在利用人们不能冷静的心态。因为，只有这时，人们才不会去审时度势，无法发现事实的真相，他们的骗术才会成功。

南朝梁代时，天竺高僧菩提达摩漂洋过海来到中国传授禅学。他来到中岳嵩山少林寺，寺中老僧对他并不热情，达摩便在寺后山上找到了一个天然石洞，在蒲团上坐定，开始面壁修习禅定，这一修炼就是9年。因面壁时间久长，达摩的身影竟映入石中，留下了"面壁石"的奇观。

起初，少林僧众对达摩面壁都抱着看热闹的态度，洞口终日人声喧哗，但达摩我行我素，并不受影响。9年过去，少林僧众都成了达摩的信徒，达摩由此成为中国禅宗初祖。

达摩面壁，是要使自己抵御住外界的诱惑，保持内心的纯净，"心如墙壁"，从物欲的困扰中解脱出来。静坐修炼，是禅宗的一项重要修身方法。

日本卡通片中的一休小和尚，每次遇到难题，都要独自坐在树下，以手指按头，静坐一会儿，经过这样的思索，往往能找到问题的答案。

很多科学家也有独自沉思的习惯，伟大的发现和发明往往在这时候诞生。比如，万有引力定律的发现，就是牛顿独自一人在苹果树下沉思时，一个偶然掉下的苹果触发了他的灵感。

由此可见，一个人的心态只有达到了空与静的状态，才能"不以物喜，不以己悲"，不会因一时失意而大为沮丧，也不会因一时成功就得意忘形。

如果一个人心浮气躁，他就看不清事物的本来面目，就会主观行事，一错再错；如果一个人心平气和，他就能认清事物的本来面目，就能够万事得理，一顺百顺。

所以，凡事一定要保持冷静，才能做出理性而明智的选择。

5.人生随时都可以开始

生命的起点只有一次，人生的起点却可以随时开始。

这个世界上不会有人一生都毫无转机。穷人可能会飞黄腾达变为富人，富人也可能会因为生意破产而沦落为穷人。成功或失败，光荣或耻辱，所有的改变都会在一瞬间发生。

　　他碌碌无为地过了几十年，整日花天酒地，游手好闲，有点钱就出去鬼混，没有正当的工作不说，连正常的温饱都无法满足。妻子苦口婆心地劝着，儿子又即将上小学，一家人的未来实在堪忧。他却丝毫不在意，仍然不务正业，每天拿着家里开杂货铺赚的钱出去混。

　　他明知道这样做不好，却仍要继续错下去。是不敢面对生活，怕自己的能力无法给家庭带来一丝慰藉，还是觉得日子已经糟得一塌糊涂，即便是再努力也无法改变？他不知道，也不愿多想。虽然知道这种混沌的日子该结束了，却迟迟不敢迈出第一步。

　　一天，当他喝得醉醺醺回到家的时候，忽然觉得肚子很疼。开始，他并没有在意，可后来，他越来越难以忍受，肠子仿佛打成了结，拧着劲地疼。妻子慌了，大半夜地披上衣服把他背了出去，放到了自家的小三轮车上，冒着大雨把他送到了医院。

　　经过这么长时间的折腾，他浑噩的头脑清晰了许多。他躺在病床上，接受医生们的检查。过了很久，医生一个个地走出急诊室，他忽然听到外面传来妻子低低的哭泣声，以及有人提到"癌症"两个字，他心里霎时一片冰冷。真的就要这样死了吗？这样天天胡闹的生活，终于得到了报应吗？可惜了妻子，年纪轻轻就嫁给了自己，没过上一天好日子不说，连维持生计的钱都让他花了。儿子还那么小，没有父亲的将来会怎么样呢？他默默地流着眼泪，心中既懊悔又自责。

　　有些人只有在看到生命终点的时候，才会从浑噩中惊醒，才会为曾浪费过的生命感到惋惜。他从那天开始像是变了一个人，再也不出去鬼混了，而是天天留在家里。每天清晨为家人做早餐，送儿子上幼儿园之后又去杂货铺帮妻子的忙。有时候，一家三口边看电视边聊天，气氛与先前完全不同。

那段时间是美好的，妻子的脸上每天都洋溢着笑容，儿子回家就前后跟着他。他在感受到幸福的同时，也不由得担忧起来：从那天开始已经过了两个多月，自己在这个世界的日子还剩下多少呢？

妻子看到他眉头紧锁，疑惑地问他："你有心事？"

他犹豫了许久，终是把心里话说了出来："我还能活多久？"

妻子听完一愣，显然不知道他在说什么。

他叹了口气又说："别瞒我了，我不是得了癌症吗？上次去医院，医生不是和你说过了吗？"

妻子听完想了半天，忽然笑了："哪有的事，那天医生说的是另一个病人。"

他有些懵了，脑袋里乱糟糟的一团，按住妻子的肩膀急切地问道："你说的是真的？那你当天为什么哭？"

妻子没好气地白了他一眼，眼圈有些通红："不管你先前怎么样，你终是我的丈夫，还好你那天只是吃坏了肚子，否则我们娘俩可怎么办呢！"

几个月来，一直压在他心上的石头终于落了地，他紧紧地把妻子抱在怀里，苦涩的泪水在心底蔓延……

过了不久，他找到了一份工作，开始了新的生活，一家人其乐融融，日子也过得越来越好。

人生就是一个不断开始的过程，随时都可以看到生命中的风景，随时都可以改变未来的生活。今天的结束只属于今天，明天又会有新的开始。只要有一颗追求卓越的心，只要让思想永远与时俱进，就一定可以重新开始崭新的人生。

桑德斯上校是美国肯德基的创始人。当桑德斯65岁退休后，经济状

86

况一度极为糟糕，除了一张105美元的救济金支票外，他可以说是一无所有。这个时候，他意识到如果不尽快找到出路，生活的意义就会变成只能等待死亡。他开始思考自己能够挖掘的资源。突然，他想到了一份母亲留下的炸鸡秘方。于是，他开始一家一家地询问餐馆，希望能够以秘方入股，分取一定的报酬。然而，很多人都拒绝了他，有的甚至当面嘲笑他。

面对打击和嘲弄，桑德斯上校丝毫没有气馁，他一边修正自己的说辞，一边用心找出能把炸鸡做得更美味的方法，以便有机会说服下一家餐馆。终于，在两年时间里，被整整拒绝了1009次之后，桑德斯的提议被一家餐馆老板接受了。

多年过去了，这个始终微笑的老爷爷所创建的肯德基已成为世界著名的快餐连锁企业，不断收获着财富和荣誉。

可见，过去的荣辱与成败都不会改变全新的今天，更不会牵绊住前进的心灵。从内心深处升起那份对卓越的渴望，随时开始新的一天，争取更辉煌的进步，你必然能达到成功的巅峰。

一切终究会成为过去，人生随时可以开始。昨天失败了，不要紧，今天可以忘了它；昨天成功了，也无须太过安逸，毕竟今天还有今天要做的事情。把心安顿好，让它与灵魂一并前行，从每一个不会重复的今天开始，改变未来的人生。

6.青春有限，争取获得更多的东西

　　每个人都应该给自己算一笔时间账，自己在某方面花费了或即将花费多长时间，将获得什么样的收益。这种收益可以是快乐、金钱、名誉、自我价值等。而很多年轻人在时间花费上的特点，往往是以得到享乐为目的。他们把大把时间消费在享乐上，而忽视了其他应该得到的。这种时间消费的失衡必然会影响到他们今后的生活。

　　这些人其实是可悲的。他们眼睁睁地看着啤酒、游戏、小说、肥皂剧等强行换走了自己的时间和青春，却不加以阻挡，还感觉"很酷""很刺激""很舒服"。等到了三十多岁，发现同龄人用他们的青春时光换取到大量的财富而自己却一无所有时，才后悔莫及；而当他们想奋起直追时，却发现自己已经不是原来那个精力旺盛的年轻人，很多事做起来已经力不从心。

　　年轻应该是拼搏的资本，而不应该是懒惰的借口。年轻是人生最灿烂的岁月，你可以骄傲地对所有人喊"我有青春我怕谁"。仗着自己年轻，还有大把的时间去打拼，不用急于一时，于是，你把玩乐放在了第一位。而挥霍之后却是流泪，因为你开始后悔自己曾"年少轻狂"。没有人会永远年轻，青春时刻都在流失。

　　一个人如果年轻的时候没有为将来的生活留下点什么，他将来的日子一定会过得很艰难。

　　章明毕业后，几次应聘失败，一下子打消了他的热情，他变得非常沮丧。后来，他索性把简历撕了，懒得再去找工作，只宅在家看碟、玩游戏。

家人每次催他继续找工作，他总是说："急什么！我才刚毕业呢！"家人以为他压力太大，便不再催他。可是，两个月后，他仍然没有找工作的打算，整天就知道玩游戏，变成了足不出户、名副其实的"宅男"。家人一再催促他："玩物丧志，趁着刚出校门的一腔热情，找个工作吧！"他却总是敷衍了事。

这个时候，他迷上了"CS"（反恐精英游戏），这个游戏可不是一天两天能玩完的。他玩起来着了魔，除了眼前的敌人和城墙，什么也看不见、听不见。每当家人催他时，他要么充耳不闻，要么不耐烦道："现在不缺吃、不缺喝，担心什么?! 等我挣了钱会偿还你们的。"

为了逃避父母的追问，章明搬出一大堆书籍，做出一副要考研的样子。虽然他偶尔也会看看书，但更多的时间都花在了跟朋友交流游戏心得、喝酒、打牌、看碟上。

以他这种程度的努力，考试当然没有通过。后来，他觉得考研实在太难，就放弃了。日子一天天地流失，他已经习惯了跟意气相投的朋友一起玩。其间，他也交了两个女朋友，但后来都不明不白地离开了他。他父亲实在着急，便托人给他找了个临时的差事，他这才勉强有了份工作。

几年后的一次同学聚会终于让章明醒悟了过来。这几年时间，大家的变化都很大。以前那个老跟他一起玩的李平是最让人刮目相看的，现在居然在深圳安家立业了；那个带着800度近视眼镜的王强，居然进了公务员的队伍；就连那个最不爱说话，还经常被自己取笑"胆小鬼"的赵冰也在谈着跟人合作做生意的事情……原来，只有自己还在原地转。在同学们面前，他感到极其自卑。原来的他并不是这样，只是几年，他怎么就变得谁都不如了呢？即使他奋起直追，前面消耗掉的几年时间也追不回来了，他需要用更多的精力和血汗才能争取到别人几年前就获得的东西。因为他失去时光的同时还失去了其他宝贵的东西——他的热情、意志、专业知识，更糟糕的是，这期间他还养成了懒惰的坏习气。

时间就是一切，它能让我们获得一切，也能让我们失去一切。我们在放走时间的同时，也放弃了成功的有利条件。华罗庚说过："成功的人无一不是利用时间的能手！"

很多人之所以成功，是因为他们抓住了这个条件，不仅懂得珍惜时间，也知道如何管理时间。他们把别人用来喝咖啡、闲逛的时间投入到工作中，把别人用来玩游戏、看小说的时间用来思考。

所以，我们要学会利用时间。

第一，不要沉迷于某种娱乐活动或游戏，你以为你在玩游戏，其实是被游戏玩了。

第二，做某种事情前，先预算时间的投入与支出，看时间的消费和最终的收益是否平衡，又费时间又没好处的事不要做。

第三，有效地利用零碎的时间，不要以为干大事就一定需要"整段"时间，"点滴"时间累积起来同样可以干出大事。

第四，学会统筹时间，同时做几件事情。这样做就是占时间的"便宜"，很划算。但要做好每件事，避免"三心二意"。

第五，重要的时间留给重要的事情。不同的时间段具有不同的效能，恹恹欲睡的时候干不重要的事，精力充沛的时候做重要的事。

第六，时间不可能完全用"尽"。累了就休息，否则，在身体不支持的情况下强行利用时间就是在浪费时间，因为身体垮了需要更多的时间去恢复。

7.生命短促，莫为小事烦心

人常常被困在有名和无名的忧烦之中，它一旦出现，人生的欢乐便会不翼而飞，生活中仿佛再没有了晴朗的天，吃饭不香，喝酒没味，干工作没劲，干事业没心，连玩都觉得没意思。这一切，只是因为我们陷入了多余的忧烦之中。

法律界有句名言："法律不会去管那些小事情。"但有的人却偏偏为一些小事忧虑，始终得不到平静。

荷马·克罗伊是个作家。以前他写作的时候，常常会被纽约公寓热水灯的响声吵得焦躁不安，蒸气会砰然作响，然后又是一阵"吱吱"的声音，而他会坐在他的书桌前气得直叫。

"后来，"荷马·克罗伊说，"有一次我和几个朋友一起出去宿营，当我听到木柴烧得很响时，我突然想到：这些声音多像热水灯的响声，为什么我会喜欢这个声音，而讨厌那个声音呢？我回到家以后，跟自己说：'火堆里木头的爆烈声是一种很好的声音，热水灯的声音也差不多，我该埋头大睡，不去理会这些噪声。'结果，我果然做到了：头几天我还会注意热水灯的声音，可不久，我就把它们整个忘了。"

"很多其他的小忧虑也是一样，我们不喜欢那些，结果弄得整个人很颓丧。只不过因为我们都夸张了那些小事的重要性……"

狄斯雷利说过："生命太短促了，不能再只顾小事。"

"这些话，"安德烈·摩瑞斯在《本周》杂志里说，"曾经帮我挨过很多痛苦的经历。我们常常让自己因为一些小事情，一些应该不屑一顾和忘了的小事情而心烦……我们活在这个世上只有短短几十年，而我们浪费了很多不可能再补回来的时间，去愁一些在一年之内就会被所有人忘了的小事。不要这样，让我们把我们的生活只用在值得做的行动和感觉上，去运用伟大的思维，去经历真正的感情，去做必须做的事情。因为生命太短促了，不该再顾及那些小事。"

平锐克里斯在2400年前说过："来吧，各位！我们在小事情上耽搁得太久了。"一点也不错，我们的确是这样。

下面是博斯狄克博士所说过的故事里最有意思的一个——是有关森林里的一个巨人在战争中怎么得胜、怎么失败的故事。

在科罗拉多州长山的山坡上，躺着一棵大树的残躯，自然学家说，它曾经有400多年的历史。初发芽的时候，哥伦布刚在美洲登陆；第一批移民到美国来的时候，它才长了一半大。在它漫长的生命里，曾经被闪电击过14次；400年来，无数的狂风暴雨侵袭过它。它都战胜了它们。但在最后，一小队甲虫攻击这棵树，使它倒在了地上。那些甲虫从根部往里面咬，渐渐伤了树的元气。虽然它们很小，但攻击却持续不断。这样一个森林里的巨人，岁月不曾使它枯萎，闪电不曾把它击倒，狂风暴雨也没有伤着它，却被一小队用手指就能捏死的小甲虫打败了。

我们岂不都像森林中那棵身经百战的大树吗？我们也经历过生命中无数狂风暴雨和闪电的打击，但都撑过来了，可我们的心却总免不了被忧虑的小甲虫咬噬。

要想解除忧虑与烦恼，记住规则："不要让自己因为一些小事烦心。"

小技巧：PDCA循环法

职场人的职业生涯，惰性如影相随，刺激让我们保持应有的警惕。但光有刺激显然是不够的，我们必须在刺激之后运用PDCA循环法，使自己不断登上新台阶。

（1）"P"指Plan——计划。作为一个职场人，如果工作没有计划性，将很难有好的思路，在竞争中必然会处于被动。计划有日计划、周计划、月计划和中长期的职业生涯规划。

对于计划的制订，应该注意以下几点：

第一，分清事情的轻重缓急，抓大放小，并且尽可能简单化。例如，作为一个营销部经理，你准备一个月之后将新品牌推向市场，你现在要做的大致就是五项工作：详细的市场调查、品牌定位、营销策略制订、人员招聘与培训、营销管理制度化建设。

第二，目标明确。

第三，必须考虑到计划的可执行性，也就是在制订计划之前应该进行详细的优势、劣势、机会和威胁的分析。

另外，为了时时提醒自己，最好在你的案头或提包里有一本专门的笔记本用于计划的推进或备忘。

（2）"D"指Do——执行。我们深有体会的是：美好的计划制订了一个又一个，而真正执行到位的却少得可怜。俗话说"万事开头难"，但计划的执行却往往是"开头容易坚持难"。那么，如何确保工作的有效执行呢？以下几种方法可供选择：

第一，执行力修炼。学习执行理念、执行方法，使自己由内而外地提高执行力，养成"认真做好每件事"的工作作风。

第二，痛定思痛话执行。通过前文提到的"刺激三法"，使自己痛下决心认真执行，并且在执行的过程中时时刻刻提醒自己。

第三，深思熟虑后向公众承诺。我们不宜随便向公众承诺，但在重大任务执行前，经过深思熟虑和充分准备后，就应该大胆地在团队中进行承诺，给自己压力，使自己绷紧神经，让惰性无机可乘。

第四，把自己置身于企业制度或执行机制的约束下，不搞特权。很多团队的领导者为了体现自己的"独尊"地位，往往会把自己凌驾于团队制度（比如考勤）之上，而这种特权就是一个温柔陷阱。

（3）"C"指Check——检查。在整个PDCA循环的过程中，监督检查至关重要。检查一般包括"自检"和"被检"。一方面，我们要"日三省乎己"，通过不断"自检"及时发现问题，解决问题；但另一方面由于营销工作灵活性大，导致"自检"往往很难坚持，因而，我们更重要的是自觉地把自己置身于优秀的监督检查机制中。如果你在一个机制完善、营销管理到位的企业，或者你的领导是个"盯人高手"，那你是很幸运的，你几乎可以不用担心惰性的袭击，这就是所谓的"优秀的企业可以让平凡的员工成功"的道理。否则，你应该着手建设或建议企业建设优秀的监督检查机制，形成多渠道的监督方式，为每个人建立一个"防惰墙"。

（4）"A"指Action——行动。检查之后必须采取行动：一是对检查的结果进行奖励或惩罚；二是对成功的经验进行标准化，形成可以推广的模式；三是对未完成的工作分析未完成的原因，然后放到下一个PDCA循环中。

PDCA是个循环的过程，只有做好每一个环节，才能使我们无懈可击、远离惰性，成就不平凡的职业生涯。

第五章

统筹兼顾，
做好个人时间管理

1.时间管理原则

时间管理原则也称为SMART原则。

S（Specific）原则：明确性

所谓明确性，就是要具体、清楚地说明想要达成的行为标准，而不是用抽象的语言和内容。明确的目标几乎是成功团队的一致特点。很多团队不成功的重要原因之一就是因为目标本身模棱两可，或没有将目标有效地传达给相关成员。

比如说，"增强客户意识"，这种对目标的描述就很不明确，因为增强客户意识有许多具体做法：减少客户投诉、提升服务速度、使用规范礼貌的用语、采用规范的服务流程等。有这么多增强客户意识的做法，我们所说的"增强客户意识"到底指哪一块？

不明确就没有办法评判、衡量，所以建议这样修改：比如说，我们将在月底前把收银的速度提升至正常的标准，这个正常的标准可能是两分钟，也可能是一分钟，或分时段来确定标准。

目标应该是明确的，而不是模糊的。

如果领导有一天问："这个目标离实现大概还有多远？"团队成员的回答是"我们早实现了"。这就是领导和下属对团队目标所产生的一种分歧，原因就在于没有给他们一个明确的分析数据。

比如说，"为所有的老员工安排进一步的管理培训"。"进一步"是一个很不明确的概念，到底这个"进一步"指什么？是不是只要安排了这个培训，不管谁讲，也不管效果好坏，都叫"进一步"？如果能够改进一下，准确地概述为：在什么时间完成对所有老员工关于某个主题的培训，并且在这个课程结束后，员工的工作效率能够得到提高；如果没有提高，甚至有所下降，就认为效果不理想。这样，目标就变得明确了。

再比如说，前台被要求要保证来电优质服务。什么是优质服务？很模糊。要具体点，比如保证对紧急情况，正常工作时间内4小时响应。那么，什么算紧急情况？这又要具体定义，比如1/4的内线分机瘫痪等。这样的计划才是明确的、具体的，能够让员工一目了然地付诸行动。

M（Measurable）原则：衡量性

衡量性就是指应该有一组明确的数据，作为衡量是否达成目标的依据。如果制订的目标没有办法衡量，就无法判断这个目标是否实现。目标设置要有项目、衡量标准、达成措施、完成期限以及资源要求，使考核人能够清晰地看到部门或科室月计划——要做哪些事情，需要完成到什么样的程度。衡量标准遵循"能量化的量化，不能量化的质化"，使制定人与考核人有一个统一的、标准的、清晰的可度量的标尺，杜绝在目标设置中使用概念模糊的描述。

有的工作岗位，其任务很好量化，典型的就是销售人员的销售指标，做到了就是做到了，没有做到就是没有做到。但有的工作岗位，工作任务不容易量化，比如研发部门和行政部门，但是，他们的工作仍然要尽量量化。

行政部门的许多工作都是极琐碎的，很难量化。比如对前台有一条要求是"要接听好电话"，但怎么具体量化呢？解决方法是：接听速度是有要求的，通常理解为"三声起接"，就是一个电话打进来，响到第三声的时候，就必须要接起来，不可以让它再响下去，以免打电话的人等得太久。

再如前台的一条考核指标是"礼貌专业地接待来访"，做到怎么样才算礼貌专业呢？

前台工作非常繁忙时，应该这么做：工作人员应该先抽空请来访者在旁边的沙发坐下稍等，然后再继续处理手中的电话，而不是做完手上的事才处理下一件。这才叫专业。

又比如，什么叫礼貌？应该规定使用规范的接听用语，不可以在前台用"喂"来接听，早上要报："早上好，某某公司。"下午要报："下午好，某某公司。"说话速度要不快不慢。

所以，没有量化，是很难衡量前台服务工作到底怎样才算接听好电话和礼貌接待了来访的。

A（Achievable）原则：可实现性

如果上司利用行政手段或权力性的影响力一厢情愿地把自己所制订的目标强压给下属，下属典型的反应是一种心理和行为上的抗拒。一旦有一天这个目标真完成不了，下属有一百个理由可以推卸责任。

"控制式"的领导喜欢自己主观定目标，然后交给下属去完成，他们不在乎下属的意见和反映，这种做法现在越来越没有市场了。今天员工的知识层次、学历、个人的素质以及他们主张的个性张扬的程度都远远超出从前。因此，领导者应该更多地吸纳下属来参与目标制订的过程（即便是团队整体的目标）。

要坚持员工参与、上下左右沟通，使拟定的工作目标在组织及个人之间达成一致，既要使工作内容饱满，也要具有可达性。可以制订出跳起来"摘桃"的目标，不能制订出跳起来"摘星星"的目标。就如你让一个只有点英语基础的初中生在一年内达到英语四级水平，这个就不太现实，这样的目标也没有意义。但是，你让他在一年内把新概念（一册）拿下，就有达成的可能性。他努力地跳起来后能够摘到果子，才是意义所在。

R（Relevant）原则：实际性

实际性是指在现实条件下是否可行、可操作。可能有两种情形：一方面，领导者乐观地估计了当前形势，低估了达成目标所需要的条件，这些条件包括人力资源、硬件条件、技术条件、系统信息条件、团队环境因素等，以至于下达了一个高于实际能力的指标；另一方面，可能花了大量的时间、资源，甚至人力成本，最后确定的目标根本没有多大实际意义。

示例：一位餐厅经理订的目标是早餐时段的销售额在上月的基础上提升15%。算一下就知道，这可能是一个几千块钱的概念，如果把利润计算出来，却是一个相当低的数字。但为完成这个目标的投入要花费多少？这个投入可能比起增长的利润要更高，因此，这个目标不具备操作性。

当然，有时实际性需要团队领导衡量。因为有时可能领导考虑投入多一些，目的是打败竞争对手。这种情形下的目标就是实际的。

部门工作目标要得到各位成员的通力配合，就必须让各位成员参与到部门工作目标的制订中去，使个人目标与组织目标达成认识一致、目标一致，既要有由上到下的工作目标任务，也要有员工自下而上的对工作目标的主动参与。

由于是工作目标，因而，制订时要和岗位职责相关联，不要跑题。比如，一位前台工作人员，你让她学点英语以便接电话的时候用得上，就很好，但如果你让她去学习六西格玛，就比较跑题了。

T (Time-based) 原则：时限性

目标是有时间限制的。例如，"我将在5月31日之前完成某事"，"5月31日"就是一个确定的时间限制。没有时间限制的目标没有办法考核，或会带来考核的不公。由于上下级之间对目标轻重缓急的认识程度不同，上司着急，但下面不知道，到头来，上司暴跳如雷，下属还觉得委屈。出现这种情况会伤害工作关系，伤害员工的工作热情。

实施要求：目标设置要具有时间限制，根据工作任务的权重、事情的轻重缓急，拟订出完成目标项目的时间要求，定期检查项目的完成进度，及时掌握项目进展的变化情况，以方便对下属进行及时的工作指导，以及根据工作计划的异常变化情况及时地调整工作计划。

总之，无论是制订团队的工作目标，还是员工的绩效目标，都必须符合上述原则，五个原则缺一不可。制订的过程也是对部门或科室先期的工作掌控能力提升的过程，完成计划的过程就是对自己现代化管理能力历练和实践的过程。

2.建立自我时间管理清单

管理时间的秘诀是永远都做那些最具有生产力的事情。想要消除时间杀手，你就一定要对自己的工作重点进行清理，将所有的工作重点找出来之后，再进行具体的抉择。通常情况下，自己才是真正的时间杀手，唯有设法约束自己，才能令时间管理更顺利地进行。

2010年8月，美国某著名杂志的一名记者获准在白宫里待了一整天。在对美国总统奥巴马的日常工作进行了解之后，他发现，总统实在是一个高标准的工作职位，工作量不仅庞大，而且高速又复杂。如果没有恰当的时间管理清单，很难想象总统的生活会是怎样的。

据这位记者观察，奥巴马有黎明即起的好习惯，在起床后，他会先进行45分钟的健身运动，然后与家人一起共进早餐，并利用这段时间对早间报纸进行了解。

吃完饭后，奥巴马会进行总统每日简报的阅读，并在9点半前正式坐到白宫椭圆形办公室中，对一天的工作进行处理。

从早上9点半到下午4点半，奥巴马会参与各种主题的会议，从全球经济到军事情报，从外交政策到联邦活动等，而这些会议的召开时间也是由专人提前进行了精心的安排。

下午6点或6点半时，奥巴马一天的正式工作时间便结束了。

随后，他会抽出时间与妻子、女儿共进晚餐，这是其紧张作息时间表中难得的放松时间，更是奥巴马每天生活中唯一不容公事打扰的时间。

从晚上8点半到深夜，奥巴马会对各类重要的电子邮件与电话进行处理。

在时间管理领域中，有一条"帕金森定律"，此定律显示，人始终会根据任务的最终完成期限来对工作速度进行调整。假如一个人知道自己有一个月的时间去完成某项工作，他便会在不知不觉间放慢自己的工作速度，转而将整个月的时间都用在此项任务上。但如果有人告诉他，这项工作必须在一周内完成，他便会对自己的工作状态与工作速度进行调整，以此来保证自己可以在一个星期中完美地完成任务。这便是建立自我时间管理清单的重要性，它会让你在特定的时间内去做特定的事情，并让你了解到自己在这一时间段内所能达到的最佳做事效果。

时间总清单的制订

你首先要将自己一年内需要完成的每一件事情与目标都列出来，然后进行具体的目标切割：

（1）将年度目标具体切割成季度目标，并在清单中明确指出每一季度应该做完哪些事情。

（2）将季度目标进一步细分为月度目标，并在每个月的月初将其重新罗列一遍，以便在碰到有突发事件需要更改目标的情况时，可以及时地进行相应的调整。

（3）在每一个月的星期天，都将下星期自己需要完成的事情列出来。

（4）每天晚上将第二天需要做的事情列出来。

时间日清单的制订

在进行时间日清单的制订时，你需要格外注意以下几个方面：

（1）估算每完成一件事情大概需要的时间。

想制订出一份理想的日计划，仅将这一天中的活动内容列举出来是远远不够的。在此基础上，我们还需要根据自己的真实情况，对每项日程安排所需要的具体时间进行进一步估算。

初学者很可能对时间的长短没有具体的概念，因此，在进行第一次估算时，不要给自己安排太多事情。另外，做事时，一定要注意时间限制的重要性，将整件事情的完成时间控制在一定范围内。

一旦制订好了计划，你就应严格要求自己，遵守自己规定的时间限制。这样，你才能更有效地抵御外界的干扰，令自己在长期的实践过程中激发出更多的潜能。

(2) 留出一定的弹性空间。

没有人知道未来会发生什么，如果你将一天的日程安排得太满，一旦出现任何突发事件，你便极有可能无法从容应对。所以，在制订计划时，要学着将未知的情况也纳入自己的计划中。

你可以尝试着用50%的时间应对明天已经确定下来的各类安排，再用剩下的50%应对突发性事件。

(3) 果断地做出正确的取舍。

想要让自己的日清单更有计划、更有意义，你便要学会在不同的任务间进行取舍，具体应按事情的轻重缓急来安排。如果在某段时间内你的工作异常忙碌，你只需要将最重要的事情找出来，并按时完成即可。

(4) 对日清单的实施效果进行具体的检验。

之所以制订时间清单，是为了让我们的生活更加简单，并期望以此来创造出更理想的生活秩序。因此，只有对日清单的实施计划进行具体的检验，看看自己完成了哪些计划，并将那些未能完成的工作延续到明日的日清单中，如此一来，你便意识到拖延的坏处，并将自己的拖拉习惯改掉。

也许在实践完以上建议后，你会认为时间清单的制订与管理进行到这一步已经趋于完善了。但事实上，想要让自己的时间管理更精确，你不仅需要找出那些未完成的任务，更要对整个计划的制订与实施进行详细的分析，以便找出到底是什么让你无法顺利完成计划。

(1) 你是否在一天之中为自己安排了过多的工作？

(2) 你是否在某些事情上花费了过多的时间？

(3) 你是否将时间浪费在了一件并不重要的事情上？

(4) 你是否因为受到了外界的干扰，才导致今日计划无法顺利完成？

找出原因后，请你进一步思考如何才能针对这一问题进行改进。

（1）我所制订的日清单是否不够完善？

（2）有哪些科学的工作方式可以提升我的工作效率？

（3）我能否以更高的效率来完成某些具体的事务？

最后，你需要对自己这一整天的意义与价值进行审视：通过实践日清单，是否让你的工作效率大幅度提升？你是否向着自己的总清单与总目标又前进了一步？如果你的答案是否定的，接下来，你应该如何主动地针对这些问题进行弥补？

在实践自我时间管理清单时，你需要注意的是：唯有那些拥有毅力与耐心的人才会成为时间管理的大赢家，半途而废者永远也品尝不到成功的滋味。

3.如何做好每天、每月、每年的工作计划

一个成功的人是非常细腻的，绝对不会粗心大意。计划一定要周详，若是漏洞百出，等于没有计划。什么叫计划？就是问自己，为了达成这个目标，我需要做哪些事情，全部把它写下来，哪个是第一要做的，哪个是第二要做的，把它编成号，以此类推。

下面是安排工作计划的几点建议：

（1）每天清晨把一天要做的事都列出清单。

如果你不是按照办事顺序去做事情，那你的时间管理就不会太有效率。在每一天的早上或是前一天晚上，把一天要做的事情列一个清单出来。这个清单包括公务和私事两类内容，把它们记录在纸上、工

作簿上或是其他什么上面。在一天的工作过程中，要经常进行查阅。举个例子，在开会前十分钟的时候，看一眼你的事情记录，如果还有一封电子邮件要发，你完全可以利用这段空隙把这项任务完成。当你做完记录上面的所有事时，最好再检查一遍。通过检查每一个项目，你能体会到一种满足感。

（2）把接下来要完成的工作也同样记录在你的清单上。

在完成了开始计划的工作后，把接下来要做的事情记录在你的每日清单上面。如果你的清单上内容已经满了，或是某项工作可以明天再做，那你可以把它算作明天或后天的工作计划。为什么有些人告诉你他们打算做一些事情但是却没有完成？这是因为他们没有把这些事情记录下来。如果我是一个管理者，我不会三番五次地告诉我的员工需要做哪些事情，我从不相信他们的记忆力，如果他们没带纸和笔，我会借给他们，让他们将要完成的工作和时间期限记录下来。

（3）一天结束后，对当天没有完成的工作进行重新安排。

现在你有了一个每日的工作计划，而且也加进了当天要完成的新的工作任务。那么，对一天下来没完成的工作项目，你又将做何处置呢？你可以选择将它们顺延至第二天，添加到你明天的工作安排清单中。但是，希望你不要成为一个办事拖拉的人，每天总会有干不完的事情，这样，每天的任务清单都会比前一天有所增加。如果事情的确重要，没问题，转天做完它；如果没有那么重要，你可以和与这件事有关的人讲清楚你没完成的原因。

（4）记住应赴的约会。

使用你的记事清单来帮你记住应赴的约会，这包括与同事和朋友的约会。一般情况下，工作忙碌的人们失约的次数比准时赴约的次数还多。如果你不能清楚地记得每件事都做了没有，就一定要把它记下来，并借助时间管理方法保证它按时完成。如果你的确因为有事而不能赴约，可以提前打电话通知你的约会对象。

（5）做一个表格，把本月和下月需要优先做的事情记录下来。

很多人都学会了制订每一天的工作计划，但有多少人会把他们本月和下月需要做的事情进行一个更高水平的筹划呢？除非你从事的是一项交易工作，它的时间表上总是近期任务，你经常是在每个月末进行总结，而月初又开始重新安排筹划。对一个月的工作进行列表规划是时间管理中更高水平的方法，再次强调，你所列入这个表格的一定是你必须完成的工作。在每个月开始的时候，将上个月没有完成而这个月必须完成的工作添加入表。

（6）把未来某一时间要完成的工作记录下来。

你的记事清单不可能提醒你去完成在未来某一时间要完成的工作。比如，你告诉你的同事，在两个月内，你将和他一起去完成某项工作。这时，你就需要有一个办法记住这件事，并在未来的某个时间提醒你。为了保险起见，你可以使用多个提醒方法，如果一个没起作用，还有另一个能提醒你。

（7）保持桌面整洁。

一个把自己的工作环境弄得乱糟糟的人不可能成为一个优秀的时间管理者。因为，好的时间管理者是不会花很长时间在一堆乱文件中找出所需材料的。

（8）把做每件事所需要的文件材料放在一个固定的地方。

随着时间的过去，你可能会完成很多工作任务，这就要注意保持每件事的有序和完整。一般可以把与某一件事有关的所有东西放在一起，这样，当需要时，查找起来就会非常方便。当彻底完成了一项工作时，再把这些东西集体转移到另一个地方。

（9）清理你用不着的文件材料。

记住，要把新用完的工作文件放在抽屉的最前端，当抽屉被装满的时候，清除在抽屉最后面的文件。换句话说，你要学会保持只有一个抽屉的文件，总量不会超出这个范围。有的人会把所有文件都保留着，这些没完没了的文件材料最后会成为无人问津的废纸，很多文件可能都不会再被人用到。当然，有的时候，你也许需要查找用过的文件，所以原稿要一直保留在计算机里。

（10）定期备份并清理计算机。

你保存在计算机里的95%的文件可能还会在你的手里放3个月。要定期地备份文件到光盘上，并马上删除机器中不再需要的文件。

4.避开时间管理的误区

所谓时间管理的误区，是指导致时间浪费的各种因素。

以下列出时间管理的几个误区，请大家仔细阅读并分析，看看自己是否存在同样的问题。

首先，重点≠紧急，一定要分出轻重缓急。

成功者会花最多的时间做最重要的事，而不是最紧急的事。和成功者不同的是，我们一般人都是优先选择那些虽然紧急但不重要的事来做。

因此，我们必须学会如何把重要的事情变得"紧急"，要学会思考紧急和重要哪个优先。只有这样做，才能让我们的工作既有效率又有效益。

哈佛时间管理大师艾·维利曾预见了紧急事件和重要事件撞车时的处理办法。

　　你需要留出几个小时的时间，思考紧急和重要哪个优先，这些建议可以帮你确定事情的优先顺序。把你的回答记下来，但不要写得很详细，每个问题只用一两句简单的话回答即可：我需要做什么？什么能给我带来最高回报？什么能给我最大满足感？

　　对这3个问题作出回答之后，用打字机打印出来，贴在工作区适当的地方，以提醒自己有效利用时间。

　　当紧急事件和重要事件撞在一起时，你应该能从这3个问题中获得答案，而且，你做出的选择也是发自内心的，属于为自己负责的决定。

　　事实证明，先做什么事情并不是一定的，这取决于紧急事件紧急的程度和重要事件在你心中的分量。

　　举个例子：这件事你不做，你就会丢掉饭碗，而另一件事只是你晋升之前必须完成的任务。那么很明显，你必须先保住饭碗，才能有以后获得晋升的机会。

　　紧急和重要事件的排序办法之一就是弄清楚做什么事有什么好处，然后行动起来。最佳办法是从你的目标与理想的角度分析这个工作，如果你有个重大目标，那你就比较容易拿出干劲去完成有助于你达到目标的工作。

　　如果你能将自己要完成的目标的具体内容写出来，你就能了解到目标的全貌，以及眼前的工作哪些是重要的、紧急的。

　　很多公司会将从事的工作内容明确地写在纸上，称之为"活动日志"。你也可以借鉴过来，只要是自己该做的事，如果事先都能写出一份与工作报表相似的"清单"，这对于你实现目标将产生各种预想不到的好处。依据这个"活动日志"，你可以清楚地了解该给自己安排什么么，或者你要求的是取得什么样的成效等。

　　在很多情况下，你每天到底该做些什么事只有你自己最清楚，不要在那些不重要的事情上浪费时间。

事先做好工作清单的准备工作，不仅能帮助你认清必须完成的工作，也可用以检查必须完成的工作是否有拖延现象。更重要的是，工作清单是一个判断哪项工作是重点、应该首先完成的有力工具。即便是一般的日常生活，也可利用相同的方法。

如果我们能经常把需要第一时间处理的工作视为当务之急，我们就不会在没有任何意义或者不重要的事情上浪费时间了。失去重点，容易造成核心问题的模糊不清或被忽略与遗漏。在这种情形下，工作日志可告示我们所忽略的主要事物。

彼得·德鲁克说："长期的计划不包括未来的决定，而是包括现阶段你对未来所下的决心。"

这个世界容不得你没有效率，只要你讲究方法，不断提高做事的效率，你就能更好地适应这个社会。

这个道理不言自明：如果我们每一天都高效而不是低效地行事，天长日久，我们就能够走向富裕。

所以，从此刻开始，建立你的活动日志，把你的日程表科学有序地填满，然后按部就班地工作。

其次，全是重点就等于没有重点。

分清事情的轻重缓急，是让人受益终身的好习惯，也是成就事业的必备素质。

豪威尔曾经是美国钢铁公司的董事，在他刚开始当董事的时候，开董事会总要花很长的时间。在会议上，董事们会讨论很多问题，但能达成的决议却很少。结果，董事会的每一位董事都得带着一大包报表回家去看。

后来，豪威尔说服了董事会，每次开会只讨论一个问题，然后做出结论，不耽搁，不拖延。这样所得到的决议也许需要更多的资料加以研究，也许有所作为，也许没有，可无论如何，在讨论下一个问题之前，这个问题一定能够达成某种决议，结果非常惊人，也非常有效。

从那以后，董事们再也不必带着一大堆报表回家了，大家也不用再为没有解决的问题而忧虑了。

同时，有条不紊的做事习惯还能让人有成就感，避免工作的延迟和拖拉带来的紧张感和挫败感。

法国哲学家布莱斯·巴斯卡说："把什么放在第一位，这是人们最难懂得的。"对许多人来说，这句话不幸而言中。他们完全不知道怎样对人生的任务和责任按重要性排队，他们以为工作本身就是成绩。但经验表明，成功与失败的分界线在于怎样分配时间。

人们往往认为，这里几分钟、那里几分钟没什么用，但实际上，它们的作用不容忽视。这种差别是很微妙的，常常要过几十年才看得出来。但有时，这差别又很明显。为了取得最佳结果，我们要依据轻重缓急行事。

亚历山大·格雷厄姆·贝尔在研制电话机时，另一个叫格雷的人也试图改进他的装置。两个人同时取得突破。但贝尔在专利局赢了——比格雷早了两个钟头。当然，这两个人当时是不知道对方的，但贝尔就因为这120分钟而一举成名。

我们一般人很容易有手头上的事先解决的心理。其实，即使是迫在眉睫的工作，也并非一定最重要。

若能站在高处重新审视全部的工作，不但能清楚地找出工作的主要目标，以往许多耗时的工作安排也能重新有一个不同的评判。

卓有成效的管理者从不把时间和精力花在小事情上，因为小事使他们偏离主要目标和重要事项。一旦知道了自己大部分时间花在了那些无谓的小问题上，或丝毫无助于提高他的工作效率的问题上，他便会采取措施删去这些安排。人们只有在看到一份详细记录他的日程的材料后，才会认识到许多工作本可由比他级别较低的人去做，或者根本不需要做，因为他所做的工作并不与他的薪金相称。

全是重点就等于没有重点，不能将心力都放在一些小问题上。

你也许听过"20/80法则"。这法则是说，你所完成的工作里，80%的成果来自于你所付出的20%。如此说来，对所有实际的目标，这法则极为有用，它能帮助我们抓住工作与生活的重点，找到真正重要的事物，同时忽略那些不重要的事物。

我们在处理并解决问题时，应该集中精力于大事上，而不应被那些不重要的、没有什么意义的事情所淹没。对于目标的实现而言，将更多的精力投入"应该做的事"，无疑是一条事半功倍的成功之路。歌德说过这样一句话："不可让重要的事被细枝末节所左右。"

做最重要、最有价值的事的第一步，就是找出能产生80%绩效的20%付出。这需要你判断什么是最有价值的，需要有洞悉事物本质的能力。

工作的时候，我们需要把工作内容分为重点项目和非重点项目，就好像在学校的时候把课程分为必修课和选修课一样。那些重点是值得你花大力气考虑和投入时间的地方，但是，如果每个地方都被你打上重点符号，那你的时间管理也是失败的。

著名时间管理大师赛托斯说："重点是你的重心需要偏移的地方，重点是你需要着重强调的地方，你的工作日程不应该是一成不变的基调，它应该如同一首跌宕起伏的旋律，有高潮的紧迫感，也有平淡中的闲适感。"

划分重点项目需要克服的障碍

（1）没弄清楚划分重点的原则。

有的决策者对本单位的具体情况还没有摸透，对强弱项还区分不清，没有预测准，就草率拍板，瞎指挥；有的则是名利思想在作怪，他们想要表现自己的能力，急于在某个时机完成某些工作，想要通过这种方式来引起上级的注意。

（2）一些上级部门在给下级部署工作时，相互协调不够。

很多基层单位对上级要求不分主次，只要是领导的指示就认为一切都是重点；还有些单位领导明知重点多了不行，对上级要求也要曲意迎合，硬着头皮做。

（3）工作时缺乏全局观念，造成"重点"过多。

古人讲，不谋全局者，不足以谋一域。善谋全局，应该是领导干部抓工作所应具备的重要素质之一。

高明的管理者应当像一名优秀的钢琴师，在按"曲谱"弹琴时，该重的地方要重，该轻的地方则轻，这样才能演奏出和谐流畅的乐曲。工作中抓重点也是同样的道理，我们首先要对工作了然于心，知道哪些地方需要重按，哪些地方需要轻按。这就需要在深入调查研究上下工夫，因为不调查就无法确定事情的重要与否。

你需要理解重点的意义，把握划出事物重点的诀窍，不要把所有的事情都放在你的压力区，试着分清哪些事情是真正的关键所在，然后投入主要精力和时间，尽量做到完美。记住，不要试图把每一件事情都当重大项目来完成。人的精力是有限的，全是重点就等于没有重点，眉毛胡子一把抓，只会误了大事，事倍功半。

有一个时间管理的理论，把"轻——重"作为横坐标，把"缓——急"作为纵坐标，以此来建立一个时间管理坐标体系，把各项事务分为4类并放入这个坐标体系中：紧急同时又是重要的，比如说处理危机、客户投诉、即将到期的任务等；重要但是不紧急的，比如说建立人际关系、新的机会、人员培训、制定防范措施、制订长期工作规划等；虽然紧急但是不重要的，比如电话、不速之客、行政检查、会议等；既不紧急也不重要的，比如客套的闲谈、无聊的信件、个人的爱好等。

时间管理的目的除了要决定你该做些什么事情之外，另一个很重要的目的是决定什么事情不应该做。因为，时间管理不是完全的掌控，而是降低变动性。时间管理最重要的功能是通过事先的规划，做一种提醒与指引。

你是否有过这样的经验：毫无目的地看电视或阅读杂志，总觉得无意义，但仍继续看下去，就连广告也全看了，直到夜深，变得身心疲劳，才抱着棉被入睡，第二天又重复着同样的事情。这到底是怎么回事呢？重复做这样的事，或是几个小时，或是瞬间，但事后回想起来，感觉非常空虚。

时间的死亡——事实上就是这个时候。这不单是比喻，时间真的也有生命，时间的死亡也不是不可思议的。在管理者的人生当中，让时间流逝、死亡的状况时有发生。因为时间是眼睛看不到的东西，人们无从察觉，而唯有想到的时候，才深感可怕。

5.最大限度地利用空闲时间

经常听到有人说"等我闲下来再做""等我手上没什么重要事情的时候再做"之类的话。但事实上，他们是将"空"的时间与"闲"的时间混淆了。他们可以在高尔夫球场上悠闲地挥舞着球杆，在游泳池边尽情玩乐，但就是没有"空"的时间。

麦肯锡公司曾做过一个调查，清晰地向世人展示了人们空闲时间的秘密。这份抽样调查表明：美国城市居民每周平均每日工作时间为5小时1分；个人生活必需时间10小时42分；家务劳动时间2小时21分；闲暇时间6小时6分。四类活动时间分别占总时间的21%、44%、10%、25%。每一天，人们就是这样度过的。10年来，人的闲暇时间增加了69分钟，闲暇时间占到一个人生命的1/3。中国人在电视机前每天是3小时38分，打发掉自己一半的闲暇时光，而日本、美国人每天看电视的时间分别为1小时37分和2小时14分。

这个调查还显示，本科以上高学历者的终生工作时间是低学历者的3倍，平均日学习时间为50分钟，收入是低学历者收入的6倍以上。由此可见，学历越高，越重视时间的利用，越能赚取财富。

许多人都认为，人与人之间之所以有穷有富，完全是因为环境、机遇、能力及性格等方面的差异造成的。然而，正如著名的物理学家爱因斯坦所说："人的差异在于利用空闲时间。"

古今中外，凡在事业上有所成就的人，都有一个成功的诀窍：变等待为行动。他们中没有一个人喜爱清闲，贪图安逸。

澳大利亚著名生物学家亚蒂斯，不仅用他智慧的头脑和宝贵的时间为人类成功地发现了第三种血细胞，而且赋予了业余的空闲时间以生命的神奇。他十分珍惜自己有限的时间，因此，他为自己定下了一个制度，睡觉之前必须读15分钟的书。不管忙碌到多晚，哪怕是清晨两三点钟，他进入卧室以后也一定要读15分钟的书才肯入睡。这个制度他整整坚持了半个世纪之久，共读了8235万字、1098本书，医学专家最终变成了文学研究家。

通过充分利用每一分钟的空闲时间，我们每个人都可以从根本上改变自己的命运。虽然每个人因为职业的不同、习惯的不同，业余的空闲时间的多少也有所不同，但主要的空闲时间大同小异。

不少人习惯于在上下班时呆视车外流动的景色，放飞思想做白日梦，或是漫无目的地随便翻阅报纸杂志、收听电台广播……其实，这些做法都是对时间缺乏计划的一种表现。对于一个渴望成功的人来说，倘若这些举动都是出自惯性的，那么这一段时间里，你将收获甚微。但如果你是十分有计划地运用这一段时间，那你的收获可能会更大些。

为了使一天的业务顺利进行，为了确定一下当天的商谈、会议、面谈等事务是否被记载在工作时间表里，你要养成每天早晨检查当天工作时间表的习惯。而这只需要坐车的5分钟就能解决，这对提高你的工作效率有很大的帮助。

享有盛名的"奥林匹克科学院"，经常利用晚上休息的时间举行聚会。与会者总是手捧茶杯，边饮茶，边议论，后来相继问世的许多科学创见，有不少就产生于饮茶之余。

高效率的玛尔扎特会在他的电话机旁边放一叠阅读资料，这样，每次在等对方接电话时他就可以随便翻阅。

一位必须在机场花很多时间的业务员说："每次在下飞机去领行李的路上，我都会停下来给我的客户打电话，等我结束通话时，行李也出来了。只要你用心，任何时间都不会被浪费掉。"

众所周知，霍桑一生从事着非常枯燥单调的工作，他在马萨诸塞州萨勒姆市海关部门工作了许多年，同时利用自己的空闲时间写出了4部小说，其中包括后来成为经典的《红字》。

实际上，在我们的生活和工作中，有不少时间是用来等待的，每个人因为等待而浪费的时间是可以用数以万计来说明的。

事实证明，信息化的社会里，市场竞争无孔不入，时间就是金钱，知识就是生命。为了获得更大的成功，人们势必要不断地压缩、挤占业余的空闲时间。搜狐总裁张朝阳说："我只是一个平凡人，我没有发现自己与别人有什么大的不同。如果说有不同，那就是我每天平均除了7个小时睡觉外，其他时间都在工作。"

别人能够做到的，我们经过努力也能做到。因此，从今天起，从现在起，好好利用你的空闲时间吧！只要做到了，我们同样可以取得成功。

6.平衡角色之间的冲突

在实现梦想的过程中，有很多人都痛苦地意识到自己曾忽略了生活中的某些重要领域。他们发现自己曾在生活的某个领域——如事业、体育运动或社区服务——投入了大量的时间和精力，代价却是牺牲了其他重要的领域——如健康、家庭或朋友。还有一些人认识到了自己的各个角色，却陷入各个角色之间不知所措。这些角色似乎不停地竞争、冲突，以争抢他们有限的时间和精力。

我们经常听到如下感叹：我很想事业有成，但公司并不认为我工作认真，除非我每天早来晚走、周末加班。回家的时候，我已筋疲力尽。我的工作太多，根本没有时间和精力来照顾家人，但家庭需要我，要修理自行车，要讲故事，要帮助孩子做作业，要商量重要事务。如果无法与家人在一起，圆满的生活又在哪里呢？还有我的其他角色：我想做一个好邻居，我想对社区有所帮助，我需要时间来锻炼、阅读，或留点时间独自思考。我有那么多事情要做——而它们都很重要！我又怎能所有的都做呢？

最经常提到的是工作与家庭之间的角色冲突，最经常说出来的痛苦是各种人际关系和个人成长方面的缺失。人们常说："我无法那么快地干事，每天应付生活的每个重要方面，总有某些重要的事务无法完成。我干得越快，越觉得失去平衡。"

平衡是一种艺术，我们应该如何在自己的生活中达到平衡呢？是否只要尽快做完事以便每天应付生活的各个方面就可以了呢？是否还有其他有效的途径，以便更彻底地使我们的生活改观呢？

你怎么看待这些角色？许多西方人从小受到的教育就是把他们看作生活中不同的独立"部门"。我们在学校不同的班级，我们上各自独立的课程，各有各的课本。我们在生物学中得了A，在历史课中得了C，我们从来没有想过这两者之间有什么关系。我们把自己的工作角色看作是独立的，与家庭角色毫无关联，与其他的角色，例如个人成长或社区服务也同样没有什么关系。结果，我们或者集中注意这个角色，或者集中注意于那个角色，我们在工作中的表现与我们在家庭中的所作所为没有多大关系，我们的私人生活与我们的公众生活相互分离。

鲁宾斯即将要考大学，他有7门功课需要复习，可这时距考试时间只有130天，他必须要在这一段时间内把7门功课都学好，否则他很难进入大学的门槛。于是，他为自己制定了一个课程表。

他的数学、物理、化学成绩一直不错，所以只给这三门功课各安排了15天的时间。最让他感到头痛的是语文和法制课，这两门课一直以来便是他的弱项，所以这两门课成了他的主要突击对象，他为这两门课安排了60天的时间。剩下25天的时间，他安排在体育锻炼和历史的复习中，因为这两科对他来说也算是强项，所以他安排了比较短的时间。

通过这样合理的时间统筹，他顺利地通过了高考，进入了加州大学，从此开始了他在另一种环境中的学习和生活。

有的人一进入大学就好像有了某种保障似的，思想开始变得懒散起来，鲁宾斯不一样，他感觉前面有座更高的山需要他去翻越，所以要更加勤奋。为了不使自己忙中出乱、顾此失彼，他为自己做了一个很不错的学习时间表。

后半年他还有150天的时间要度过，可真正属于学习的时间只有100天，他要在这100天里认真听讲、努力学习、虚心求教，把自己的所有课程都学至优秀状态，这样才不枉费这100天的时间。

也许有人会问，一年365天，鲁宾斯只花了230天用来学习，其他的时间都干吗去了？这里来说明一下：365天中有104天是双休日，还有两个学期假一共是60天，其中有30天被鲁宾斯用来准备高考，还有一天就是圣诞节假期。

这样，你的一年不就安排得整齐而有序了吗？如果你的学习成绩像鲁宾斯一样好，你便可以用双休日和假日去旅游度假，去冲浪，去爬山，去寻求各种刺激。你也可以利用假期发挥一下你的聪明才智，满足一下你的兴趣爱好，搞一个小发明，或研究一个小课题，又或体验一下劳动生活，帮助父母做些家务。当父母下班回家看到桌子上摆好饭菜，他们一定会很高兴，尽管饭菜很不可口，但他们会认可你的努力，这会成为很有意义的一天。

你如果能像鲁宾斯一样把一年的时间细致地统筹起来，就能在预定的时间内完成你的人生大事。

生活是一个不可分割的整体，平衡是生活和健康的要素。我们生活的平衡不在于很快做完事以应付生活，它是一种动态平衡，我们所要做的就是使各个角色之间协作增效。同样是带女儿去打网球，我们可以从实现个人成长目标的角度把它看成是一项锻炼，也可以从履行父亲角色的角度把它看成是与女儿发展深厚关系的机会。如果既要视察一个工厂，还要训练一个助手，那我们尽可以把与助手一起视察工厂看作是训练助手的一个途径。

如果我们把角色看作生活上分离的部分，我们陷入的是时间匮乏的心态。只有这么多时间，时间花在这个角色上，就意味着它无法花在其他角色上。其实，每个角色都很重要，一个角色的成功并不能证明我们可以接受在其他角色上的失败。事业上的成功不代表允许婚姻失败；社区服务的成功也不代表可以不尽为人父母的责任。在任何角色上的成功或失败都会影响其他各个角色的质量和整体生活的质量。

每周写出自己的角色能让它们刻在我们的意识中，帮我们注意自己生活的所有重要领域。但是，这并不意味着我们要每周在每一个角色中都设定一个目标，也不意味着每周我们的角色都是同样的，或我们每周都要应付所有角色。有时，我们需要在短期内把注意力集中于生活的某个方面，这有利于我们的人生目标，有时，不平衡也是平衡。

任何有关平衡的抉择，其关键因素是与自己内心良知深刻联系。因为我们所生活的周围世界只关心人们的作为而不管其为人如何，我们很容易变得失去平衡而不再关心自己的梦想与目标。我们的行动根据只是紧迫与否，而不再依据我们的目标。

我们生活的每个角色都有四个基本层面：身体层面（它要求或创造资源）、精神层面（它紧密联系于目标）、社会层面（它涉及与其他人的人际关系）、智力层面（它要求学习）。回顾自己的角色时，我们既要看到实现目标的精神层面，也应注意到健康、家庭、朋友等方面的角色平衡，合理分配自己的时间。

7.找到"拉长"时间的关键

一天24小时，你可以将其变成25个小时吗？时间可以"拉长"吗？时间可以相对地"拉长"：和别人相比，在24小时内，我们可以挤出时间做别人25个小时才能做的事。

那么，如何去"拉长"时间呢？这里，我们整理了"拉长"时间的15个关键。

（1）设立明确的目标，可以"拉长"时间。

成功等于目标，时间整理的目的是让你在最短时间内实现更多你想要实现的目标。你必须把今年的4~10个目标写出来，找出一个核心目标，并依次排列重要性，然后依照你的目标设定一些详细的计划。你的关键就是依照计划进行，这样就可以"拉长"时间。

（2）列出年度目标总清单并进行目标切割。

年度目标切割成季度目标，列出清单，每一季度要做哪些事情；

季度目标切割成月目标，并在每月初重新再列一遍，碰到有突发事件而更改目标的情形便及时调整过来；

每一个星期天，把下周要完成的每件事列出来；

每天晚上把第二天要做的事情列出来。

（3）二八定律。

用你80%的时间来做20%最重要的事情，因此，你一定要了解，对你来说，哪些事情是最重要、最有生产力的。谈到时间整理，有所谓紧急的事情、重要的事情，然而，到底应做哪些事情？第一个要做的当然是紧急又重要的事情，这些通常是一些突发困扰、一些灾难、一些迫不及待要解决的问题。若你天天都要处理这些事情时，那就表示你的时间整理做得并不理想。成功者花最多的时间做最重要可是不紧急的事情，这些都是所谓的高生产力的事情。

（4）每天至少要有半小时到一小时的"不被干扰"时间。

假如你能有一个小时完全不受任何人干扰，自己关在自己的房间里思考一些事情，或是做一些你认为最重要的事情。这一个小时可以抵过你一天的工作效率，有时候，这一小时甚至比你三天工作的效率还要高。

（5）要和你的价值观相吻合，不可以互相矛盾。

你一定要确立你个人的价值观，假如价值观不明确，你就很难知道什么对你最重要，时间分配也做不好。时间整理的重点不在于如何管理时间，而在于如何分配时间。你永远没有时间做每件事，但你永远有时间做对你来说最重要的事。

（6）每分每秒都做最有效率的事情。

你必须思考一下，要做好一份工作，到底哪几件事情是对你最有效率的，列出来，分配时间做好它。

（7）要充分地授权。

列出你目前生活中所有觉得可以授权的事情，把它们写下来，然后开始授权他人，这样效率会比较好。

（8）做好"时间日志"。

你花了多少时间在哪些事情上，把它们详细地记录下来。每天从刷牙开始，洗澡、早上穿衣花了多少时间，早上搭车的时间，出去拜访客户的时间，把每天花的时间一一记录下来，你会发现浪费了哪些时间。只有找到浪费时间的根源，你才有办法改变。

（9）时间大于金钱。

用你的金钱去换取别人的成功经验，一定要跟顶尖人士学习；千万要仔细选择你所接触的对象，因为这会节省你很多时间。假设与一个成功者在一起，他花了40年时间成功，你跟10个这样的人一起，你是不是就有了400年的经验？

（10）做好心理建设。

要想把时间整理好，先要做好自我心理建设。首先要有把事情做好、把时间整理好的强烈欲望。其次是要明确做好时间整理的目标是什么，进而不断实践。时间整理是一种技巧，观念与行为有一段差距，必须经常演练，才能养成良好的习惯。最后是要下定决心持续学习，直到能运用自如。

（11）改变对时间的态度。

时间=金钱=生活，甚至时间>金钱，即时间比金钱还重要。只有把时间整理好，才能够实现自我理想，建立自我形象，进一步提升自我价值。每个人应把自己当成一个时间整理的"门外汉"，努力不断地学习。若能每天节省2小时，一周就至少能节省10小时，一年节省500小时，如此，你的生产力就能提高25%以上。每一个人皆拥有一天24小时，而成功的人单位时间的生产力明显较一般人高。

（12）获得成就感。

引起动机的关键就是成就感。要成就一件事情，一定要以目标为导向，才能把事情做好。把握"现在"，专注于"今天"，每一分每一秒都要好好把握。时间整理得好，能让人更满足，更快乐，赚取更多的财富，自我价值亦会更高。

（13）规划与组织。

保持整洁能够提升我们的自我价值、自我形象以及自我尊严。例如，保持桌面整洁，做完事立即归档，做事只经手一次，等等。对于没有效果或者效果不大的数据，要坚决丢掉！

（14）设定优先级。

每个人每天都有非常多的事情要做，但根据"二八定律"，在日常工作中，有20%的事情可以决定80%的成果。将事情依紧急、不紧急以及重要、不重要分为四大类。一般人每天习惯于应付很多紧急且重要的事，但接下来会去做一些看来紧急其实不太重要的事，整天不知在忙什么。其实，最重要的是去做重要但看起来不紧急的事，若你不优先去做，那你的目标将不易达成。设定优先次序，可将事情区分为五类：A=必须做的事情；B=应该做的事情；C=量力而为的事情；D=可以委托别人去做的事情；E=应该删除的事情。最好大部分的时间都在做A类及B类的事。忘掉过去种种，努力于未来，专注于目前的机会，努力去把握，真正的成功本身就是一种态度。

（15）成功的关键。

有毅力、有耐心地持续工作，直到完成；做完工作，给自己适度的报酬与奖励；花1分钟时间规划，可节省4分钟的执行时间；有组织地复习数据系统。

总之，对于时间的有效整理，一方面能让我们摆脱大量模式化的枯燥工作，另一方面能为我们节省出较多的自由支配时间，有助于我们进行更多清晰的、有创造性的思考，从而提高我们的学习效率和学习兴趣。

测试：你对工作的投入度有多高

许久没有背上钓竿了，今天如果正巧有伙伴一同去钓鱼，你会选择何处？

A.海岸边

B.山谷的小溪

C.坐船出海

D.人工鱼池

测试分析

选A：在工作上你是个讲究回报率的人。

你是个讲究投资回报率的人，会以最少的资本追求最高的利润，很有生意眼光，所以你会到海岸边去钓躲在岩缝里的小鱼，虽然体积不大，但数量很多。

选B：对待工作你还不是很投入。

你对工作企划有一套，眼光远大，能安排好一个月以后的行程，只可惜你做事太保守，缺乏冲劲，不能专一地投入，不然，你为何贪恋山谷的美景，而不把全部心神投注在钓鱼上呢？

选C：你是工作狂的代表人物。

你是工作狂的代表人物，就像追求坐船时乘风破浪的快感一样，你是一股劲儿地拼命，也就是说，拼起命来没大脑，你只能听指令行事，但绝对不能让你规划，因为你会急出脑出血。

选D：在工作上你是个成功且理性的人。

你只打有把握的仗，十足的现代人，有自信，会推销自己，商场上讲战术，头脑冷静，但你有点儿锋芒毕露，切记不要抢人家的功劳，否则会为你以后的失败埋下伏笔。

第六章

是什么偷走了企业的效率

1.员工和管理者的时间价值

8点半到9点半清理前一天积压的工作，因为昨天的工作还没有完成，或者是把重要的事情忘记了，只完成了一些没有价值的小事；

从9点半到10点半，一些人便开始互相串联，聊天，打扰别人的工作；

10点半到12点可能会陷入各种各样的会海之中；

12点到14点是午饭和休息时间；

14点到16点又是相互沟通与协调的时间；

16点到17点，如果不开会就聊天，有些人很可能就在那儿发呆；

17点到17点半，就该准备回家了，或者是要准备加班，因为工作没有做完，而且预料到明天还是和今天一样，所以只好加班；

晚上加班时，很多员工在上网聊天，或打几个私人电话，又或发呆甚至睡觉；

……

在一个企业里，不管是文职人员、市场营销人员，还是管理人员，甚至包括生产线上的工人，都在日复一日的重复工作中，不知不觉、漫无目的地消耗着生命、时光和各种资源。

员工的时间价值

有专家进行过分析：企业员工一年的制度工作时间，应该是用365天减去100多天的假期，以及事假、生病的时间，还剩下240多天，平均每个月在公司工作的时间，也就是20天左右。每天法定的工作时间是8小时。

但，我们企业的员工大约只有20%的时间在为公司创造效益，属于有效时间；有30%的时间在等待、聊天，或者自己都不知道自己在干什么；还有30%的时间，他们在忙而无效，就是说，他们的确在干活，但是不知道方向、目的是什么，而这样的事情经过研究发现根本就没有任何效益可言。他们整天在做着一些无谓的工作，把一些东西搬来搬去，跑过来跑过去，大家看起来都很忙碌，一天下来，却没有任何效果，没有为公司创造任何效益；还有20%的时间，我们的员工在干什么？在干一些损害公司的事情：

如规定早上8点上班，却有相当一部分人迟到，或者在做工作前的准备工作，这样就占用了半个小时的工作时间，没有为企业创造出任何效益。

如员工在上班的时候闲聊、喝茶、看报纸，放着紧急的工作不做，却处理一些并不紧急的工作，领导在的时候表现得很积极努力，没有领导的时候就消极怠工，这样的现象屡见不鲜、屡禁不止。

另外，有不少员工是好心办坏事，他以为自己是在为公司出力，出了很多好的主意，可实际上，可能是在帮倒忙。

如此看来，在一个企业里面，员工大约80%的工作时间都被白白浪费掉了，或者说，有80%的时间是无效的，是不产生效益的。这在很大程度上是由于员工没有明确的价值观，不知道自己的价值所在而造成的。

管理者的时间价值

举个例子，在北京，一辆出租车每月要向出租车公司缴纳的管理费及各项税费加在一起是4500~6000元，这也就是出租车司机们每月的份钱。就按4500元来算，假如出租车司机每月工作30天，那么他们每天的份钱是150元，如果每天的油钱、餐费及其他与工作有关的花费是100元，那么，一个出租车司机每天至少拉活250元，才能不亏本，拉活300元，才能赚50元。

如果出租车司机有一天在家休息，那么当天150元钱的份钱就一分没挣到，第二天的份钱就成了300元，加上油钱等费用，他如果还想赚钱，就得达到500元的收入，怎么实现呢？就要在平时每天工作10小时或12小时的基础上把工作时间翻番，但这是不可能的，于是，损失一天时间的司机就亏损了一天的份钱。

从上述的例子入手，引申到企业，在企业里，老总和中层经理们实际上都承担着企业或多或少的营收目标，正如出租车司机一样，经理们每月、每天甚至每小时的时间都是非常昂贵的，他们必须要挣出最低的份钱来。

比如，对一个每月目标销售额为100万元的经理来说，他每10分钟的时间价值是950元，这就是这个经理每10分钟的份钱。如果他不能赚到这个份钱，对他和企业而言，就是亏损。

但是，经理们每天的时间是在真正赚自己的份钱吗？经理们无数个10分钟的财富，在企业里大量地、悄悄地浪费着，更可怕的是，大家对此都习以为常。

我们在企业里经常能看到这些问题：

电话又响了，有急事的、请示的、投诉的、朋友聊天的……都是不得不接的电话。可是，手头上正在写一个计划，一上午了，还没写几个字……

马拉松式的会议已经开了两天了，还没有什么结果。会上，你进来他出去，东一句西一句，说着说着就跑题了。有的人在会上长篇大论，表扬与自我表扬；有的人开了半天会，还不知来干什么；还有的，把开会当休息，闭目养神，你们爱发言发言、爱争吵争吵……

整天就像救火车，哪里有火情就马上赶到哪里，真是日理万机。可这里也救火，那里也救火，天天忙救火，就是没有时间静下来想想，"火灾"是从哪里来的？

管理者们还经常用以下的方式浪费宝贵的时间财富：

第一，做事情没有轻重缓急和主次之分，经常本末倒置，终日埋头于无关重要的事务上。

第二，喜欢下属事事请示和汇报的官僚作风，使自己成为下属任务的执行者，大大浪费了自己的时间。

第三，对下属工作不放心，替下属做工作，结果整天被埋在事务性的工作里。

第四，上司不定期的召见使中层经理的时间具有很大的随意性。

第五，对自己熟悉和喜欢的事情尽快做完，对于棘手的事情则拖延进行，只有通过加班来完成。

企业管理者们每天、每小时、每10分钟的份钱比普通员工要多得多，但管理者们的时间和其他人一样，一天只有24小时，结果，只要时间管理得不够好、效率不够高，中高层经理们就难以挣回他们的份钱，说白了，很多经理每天的工作都是亏损。

如果一个经理一天里有3个小时是低效率的，那只有两个解决办法：要么在另外3个小时效率提高100%，挣回两倍的份钱，这个显然不太可能；要么再加班3个小时，但实际上，很多经理的时间计划已经是每天10个小时甚至12小时了，如果再加班3个小时……最后，他们会陷入时间管理差—效率低—份钱挣不出来—拼命加班—更加劳累—效率更低—时间管理更差的恶性循环中，最后的结果就是企业的目标被迫降低。

2.无效的会议——组织效率的重大杀手

美国企业管理专家迈克肯斯博士在他的一份研究报告中这样指出："要世界上任何一个企业经理人列出3项最花时间的企业活动，'开会'一定名列其中。在受调查的200多个企业中，有超过1/3的受访者认为，他们花在会议上的时间有一半是浪费掉的。令人心惊的是，很少有人能确切说出时间到底浪费在哪里了。"

马明是某公司新上任的部门经理。到岗后的第二天，他决定召集所有的部门员工举行会议。他将会议通知的任务交给了助理小朱。小朱接到任务后，对着办公室的人大声广播道："马经理说了，明天下午开会，所有人都要参加。"

第二天下午，马明忙完了手头的工作，决定召开会议。他将小朱叫到办公室，对他说："你去安排一下，5分钟后我们开会。"

小朱点头答应，跑回办公室对部门内的所有人说："现在去会议室開会吧。"

话音刚落，人们纷纷抱怨："手头还有紧急的工作没完成呢！""我约见的客人马上就要到了。"……

抱怨声此起彼伏，小朱生气地说："经理让开会，你们自己看着办吧！"

有一个员工根本就不知道开会的事情，原来昨天小朱通知的时候，他出去拜访客户了，不在办公室。

员工们陆续起身，来到会议室门口，才发现会议室里已经坐满了人——其他部门正在开会。

小朱只得折回经理室，对马明说："马经理，其他部门的人正在会议室开会，会议室现在没法用。"

马明想了想，说："那就等一会儿吧。"

20多分钟后，会议室空置出来了，大家陆续来到会议室。这时，马明也过来了，他坐到会议桌中间的位置，看了看周围，发现还有些员工没有来。他说："还有人没到，我们再等等。"小朱也起身去办公室催促。

又过了5分钟，人员全部到齐，马明宣布会议开始。他说："召集大家来开会，主要想讨论以下几个问题：本部门的月度目标；各位对我今后工作的想法和要求；产品销售话术的完善。"

员工们听到议题后，面面相觑，不知道从何处开始讨论。马明也不知所措地望着大家，不知道如何将会议进展下去。

沉默了很久，大家才你一言我一语地开始说话。可是，说话的内容却漫无目的，随意扩展，说着说着就扯到了公司的薪酬体系上，大家各有看法，抱怨声一片。

这时，马明开始说话了，他详尽地阐述了自己今后的工作计划，一个人足足讲了半小时还不停歇。只是他的计划与大家的实际工作并没有太大关系，人们听着听着就不耐烦了，开始发短信、小声交谈、发愣、无所事事地用笔在纸上乱画，更有甚者假装接听电话离开了会议室。

会议室里的人越来越少，最后会议不了了之。

在企业中，"马明"式的人物绝非少数，以至于普通职业人总是将会议等同于浪费时间。

无效的会议的确是组织效率的一大杀手。

当你让下属们坐在会议室的时候，他们不得不停下手头正在进行的工作，调整原定的工作计划，甚至需要压缩其他事项的时间预算……而这一切的牺牲换来的却是一场毫无成效的会议。

如果这些人利用宝贵的时间来做其他更重要的事情，无疑会创造更大的价值。

无效的会议不仅浪费时间，而且是抱怨、矛盾的发源地。对于那些最终演变为抱怨、争吵的会议，你一定记忆犹新。缺失正确引导的会议只会让人们内心的牢骚肆意蔓延、相互传染，这样的会议对问题的解决有害无益。

无效的会议严重削弱了组织的执行效率。

众所周知，会议是团队沟通的最有效方式。如果这一方式无效，团队之间将难以达成有效的沟通。沟通不到位，团队的行动就不可能协调一致，团队成员之间的合作就不可能顺畅无阻，如此一来，企业的效率能不降低吗？

不正当的开会理由如下：

（1）为符合惯例或传统作风而开会。

有些会议是因"历来都利用星期三下午那段时间开会"而召开的。这就是一般所谓的"例会"。例会召开有时与议案无关，因为它基本上是一种为开会而召开的会议。

（2）为满足无聊的愿望而开会。

有些会议是因"不妨找个时间大家聚一聚，不拘形式地谈一谈与大家有关的问题"而召开的。这一类会议其实与交际或聊天并没有多大差别。

（3）为逃避个别接触所可能产生的难堪局面而开会。

有些会议是因"我不想让少数人太难堪"而召开的。例如，某个管理者在他所管理的15名部属中，有两名经常迟到早退。于是他召集会议，在全体部属面前重申准时上下班的要求，希望借此警告那两名不守时的部属。但是，那两名部属因见其他同事在场而产生了一种错觉，以为其他同事不守时的恶习与自己不相上下，因此对自己的过失不太介意。至于其他守时的13名同事，则可能因无辜受责备而士气低沉。

因此，这一类会议除了平白浪费了16个人的时间与引起了13个人士气低沉之外，无实际效果可言。

（4）为攀比而开会。

有些会议是因"人家财务部每星期都举行一次会议，咱们人力资源又岂能落后"而召开的。这一类会议的目的不是为了处理实际问题。

（5）为推却责任而开会。

有些会议是因"没有理由让我单独承担全部的责任"而召开的。这一类会议是欠缺勇气面对决策风险的管理者所惯用的伎俩。

（6）为表功而开会。

有些会议是因"若不多开会，上级领导会以为咱们偷懒"而召开的。这一类会议被当作取得上司信任与好感的手段。

3.不懂授权，你就只能忙到死

在经济发展迅速的今天，适当授权对任何一个公司的管理者来说都很重要。

一天下午，从新西兰回来的公司董事长突然召见正在每周一次的管理例会上开会的CEO汤姆·桑德斯。他从自己的公文包里拿出了一本美国新出版的《如何授权》给汤姆，并对汤姆说："汤姆，你一个人负责了太多的工作，这是你的问题。我建议你下周前把这本书看完，下周我会请你吃饭，到时候我们再来讨论这本书。"

汤姆有些生气，认为董事长是在指责自己的工作做得不到位。气急败坏的他回到会议上大声说："安排我看《如何授权》……好像我的工作做得不够似的，真不知道董事长怎么想的……我们谈到什么地方了？是的，我正想问你关于我跟你说使用油的等级……"

"稍等一下，汤姆，"市场总监史蒂芬·巴恩斯说，"我们认为董事长说得也对。没错，汤姆，你工作比任何人都努力，但你太注重细节了，你浪费了你自己大量的宝贵时间来检验管理细节，甚至做了许多别人能为你做的日常工作。如果你授予别人更多的权力，做更多的工作，那将会给你自己留出更多的时间去考虑在今后的几年里，公司该如何发展，朝哪个方向发展，具体发展步骤是什么，等等。"

汤姆看了看史蒂芬，又看了看在场的其他人，然后说："好吧，你看上去已经获得了每个人的赞同。我同意你的意见，会把这本书从头到尾看完的——如果整个周末我都有时间，我会一直读下去的。现在，我们继续谈论我们的工作……"

一周后，汤姆看完了那本《如何授权》后深受启发，他发现了致使自己整天忙得焦头烂额的问题所在。

汤姆从书中学到了授权的各种技巧，渐渐地改变了自己的工作方式。他开始学着把一些下属能够很好地完成的工作交给手下人去做，而自己去处理更重要的事情。这样一来，汤姆就不至于每天忙得晕头转向了。

尽管大家都知道授权对公司、对自己、对下属都有利，但为什么至今很多公司的管理者仍然很难进行真正意义上的授权呢？

（1）管理者的习惯。

一般公司中的管理者已经习惯了拥有决策权，而授权需要管理者们放弃一部分决策权并把权力下放到自己的下属手中，他们会担心失去控制权。而且，管理者往往会感觉到他们的地位受到了下属的威胁，甚至会觉得他们有可能失去这份工作。

（2）觉得让下属做会浪费时间。

不少管理者宁可自己辛苦地工作，也不愿意把工作分派给下属。

某公司的高级主管每天都忙忙碌碌，总有工作需要他去做。朋友建议他把工作内容分派给下属，他却说："教会下属如何去做，需要花费几个小时的时间；如果自己做的话，不到半个小时就能做好了。有时间教会他们，还不如自己做花费的时间更少。况且，他们做的可能达不到我的要求。"

（3）担心下属滥用权力。

很多企业的管理者认为，由于信息的不对称，被授权后的员工往往很难达到主管要求的工作目标，因为他们往往不能理解主管要求他们达到什么样的工作目标。而同时，他们做出的决策对公司的成本和利润都产生较大的影响。

（4）认为下属的能力没有达到自己的要求。

有些管理者还可能担心下属的能力达不到完全地自由运用权力和制定正确的决策。一旦对员工进行授权，他们的行为将不会再受到以往的规范和制度的制约，他们可能会不知道该如何去做。

（5）员工怕承担责任。

许多公司的员工已经习惯在分派和命令中工作，大部分权力都是公司管理者才拥有的，责任也是他们所承担的。一旦员工需要为自己的行为结果承担一定的责任，他们很可能会犹豫是否需要为他们所犯的错误也承担责任。而一旦所犯的错误比较大，他们又担心会被责骂甚至可能失去工作。所以，一些员工不愿意接受授权。

（6）公司的环境阻碍了主管的授权。

授权并不适合每个公司和每个行业，许多公司环境因素会影响到管理者授权的顺利实施，比如，企业不支持团队工作、公司里存在旧的雇佣关系、缺少激励机制等，都会影响到管理者的授权。当一个公司的员工、制度、文化都能够适应时，授权才能真正发挥作用。

授权可以节省你的时间，还能提升下属的能力。了解了公司的管理者为何很难进行真正意义上的授权后，你需要分析一下自己是否需要授予下属更多的权力。

（1）你是否因为下属向你询问工作问题或决策而经常被打扰？

（2）对于下属应该做的事情，你是否发觉你正在帮他做？

（3）你工作的时间是否比你管理的时间要长？

（4）每天晚上或者周末，你是否习惯性地把工作带回家里做？

（5）你是否把自己的工作目标定得非常高，以至于只有你才能把它完成？

（6）你是否是一个非常关注工作细节的主管，是否总是关注下属如何工作？

（7）你是否经常有没有完成的工作或者在最后期限内不能完成的工作？

（8）你是否花费了更多的时间在工作细节上，而没有花费在战略思考、计划或者其他关键的宏观问题上？

（9）在过去的一年里，是否有人认为你是一个有责任心的人或者完美主义者？

（10）对下属的能力和经验，你是否缺乏信心，以至于你不敢冒险给下属更多的决策权？

当你的回答是肯定的，而且次数比较多，你就应该考虑有效地向你的下属授权了。

4.企业战略决定了是否 "忙得有价值"

大家都很忙，而企业整体效率低下的另外一个原因就是企业的战略定位和战略导向有问题。

俗话讲，"男怕入错行，女怕嫁错郎"，作为一个企业，最怕的也是入错行。企业现有的资源不支持企业开拓某一领域，而企业的战略制定者自认为可以，结果误进某一行业。这样的话，无论员工多忙，都无法产生可观的效益。

企业的战略定位出错，除了表现为行业战略错位以外，还表现为目标顾客定位、商域定位、经营模式定位等出问题。无论是哪一方面定位出问题，都将影响企业整体的效率和效益。大家都很忙，就是看不到效益，当然也就谈不上效率了。

企业在战略导向上容易出的问题是战略方向错误和战略方向不定。如果是战略方向错误，整个南辕北辙，无论员工如何忙，也都是负效益；如果是战略方向摇摆不定，忽左忽右，员工很忙，但尽是重复劳动和无谓劳动，谈何效率和效益？

企业的战略决定了企业所做的事情是否有价值，企业发展的生命周期决定了企业发展必须不断地进行战略定位和战略调整，企业每遇到发展瓶颈都需要战略突破，行业竞争的规律导致企业必须适时地进行战略转型。

如果战略定位不准，战略突破和战略转型没有适时做到位，企业必然会出现瞎忙的状况，忙而低效，忙而无效。尤其当行业成熟后，整个行业开始走下坡路时，无论员工多忙都会出现低效；即使企业所处行业正在发展壮大，如果企业自身的发展走向衰亡期，同样会遇到员工忙而无效的状况。

如果企业在战略突破和战略转型的过程中没有实现真正的转型，同样会出现员工忙面无效的状况。

所以，人力资源部门应改变企业的"忙"文化，把每个人的工作安排细化，要求在规定的时间完成规定任务，把关注形式转变为关注结果和过程相结合。但也不能走上另一极端——只关注结果，以致出现为结果而结果的现象，那会导致更恶劣的企业文化。

企业文化的导向也影响着企业整体的效率。如果企业鼓励个人英雄主义，不注意培养团队意识和协同作战能力，那么尽管每个人都想当英雄，每个人都很忙，但大家没有养成协同作战的意识和习惯，个人、部门之间存在着边界高墙，如此，效率也高不了。更为严重者，担心他人可能成为英雄影响自己，于是掣肘他人，甚至使绊儿。

如果企业倡导"忙"文化，那么员工必将为忙而忙，这在一些成长型企业中表现得特别明显。老板最看不惯的就是大家闲，员工一闲，老板心里就堵得慌。于是不问员工是否完成了任务，而只看是不是在忙。有的老板不直接说闲的员工，而是转弯抹角地去表扬忙的员工，尤其重点表扬加班加点的员工。殊不知，员工之所以加班，大多是因为效率不行，上班时间忙不到点子上，瞎忙；而有的人，就爱下班干活；更有甚者是人品的问题，故意加班给老板看。老板发现了加班者就表扬，下面就必然会为忙而忙。最终，越忙越受到老板的表扬，越表扬员工就会越忙，但忙而无效，陷入死循环。

5.混乱的办公室——干扰工作效率的9大因素

检查一下你的办公室，然后加以改进。

（1）过时的技术设备。

过时的计算机、打印机、软件和其他技术设备将会降低工作效率。例如，一名用性能低下的个人电脑的图形设计人员每次打开或保存一幅图像时都要等待20~30秒；用低速拨号上网的员工也面临同样的问题，网页可能打不开，甚至会造成电脑死机。

怎样判断技术设备是否过时呢？一条通用的准则就是，如果你的计算机不能运行一套关键软件的最新版本，那就需要进行升级了。你在新设备上的投资将会很快在提高的工作效率中收回来。

（2）工作空间安排不合理。

花上几天时间观察公司的工作方式，找出由于工作空间安排不合理造成的效率低下问题。例如，由于桌面不够大，每次要打开文件都要跑到别的房间去；由于电脑离电话太远，每次电话会议结束后，你都要重新输入会议记录。

要解决这些问题，通常只需要重新安排一下工作空间，可能就是将乱堆的书本从桌面上移开或是多拉一根电话线这样简单。

（3）效率低下的文件管理制度。

文件管理的杂乱无章会造成信息查找的困难，从而造成大量人力和时间的浪费。要解决这一问题，就要保证你和你的员工有必要的将文件归档的条件。看看是否需要增加文件柜，使所有的员工都能够容易地将文件归类，以便于查找。最后，可以将不常用的文件搬到储藏室去，使员工更容易找到常用的文件。

（4）未加管制的信息流。

由于电子邮件和移动电话等通信技术的广泛使用，使得工作环境中充斥着新闻、市场信息、垃圾邮件和私人联络，这些外来因素会分散员工的注意力，降低工作效率。

减少工作中分散注意力的信息数量，退订那些你不读的电子邮件杂志，使用电子邮件过滤工具，将私人电子邮件与工作电子邮件分开，在办公室时关掉移动电话，只将电子邮件地址或是移动电话号码告诉相关的人。

（5）组织拙劣的会议。

召开不必要、没有重点的会议会大大降低工作效率，打击员工的士气。经常会发生这样的情形：员工们被召集起来开会讨论某个主题，结果会议拖得过长，决定却未能做出，或者是偏离了会议要解决的问题。

开会之前要看看这一问题能否通过打电话或是其他方式解决。如果确实需要开会，要限制时间，用议事日程使会议不要跑题。指定会议主持人，其责任是在有跑题迹象时采取行动，使会议回到正轨。

（6）低于标准的研究资源。

依靠不可靠或是过时的杂志、网站、白皮书或是其他资源将会使你付出更多的劳动。

只订阅那些员工真正会去看的出版物，鼓励员工使用更有价值的搜索工具。也就是说，不订那些没人看的报纸和杂志，向员工提供高质量的网上信息资料。另外，寻找从打印出来的信息向可搜索数据库的转变。例如，如果你的公司需要依靠姓名地址簿进行工作，看看能不能找到光盘版，这样搜索起来就会非常方便快捷。

（7）干扰。

许多小公司的办公室不够宽敞，同事的说话声、电话铃声、键盘敲击声和开关门的声音都会降低整个办公室的工作效率。

我们要重视工作场所的噪声污染问题并采取措施：将电话铃声调小，关掉音箱，提醒大声喧哗者降低嗓门，用屏风、植物等在开放的办公地点中营造私人空间，减少视觉干扰。

（8）混乱。

许多成功主管的桌面都有一个非常突出的特点：没有杂物，非常整齐。混乱会造成干扰，降低工作效率。

环视你的办公室，看看哪里是造成混乱的根源。它可能是一条乱拉的电话线，也可能是一个放在过道上的盒子，或是办公桌上一台已经损坏了的设备。将用不着的东西移出视野之外，将不再使用的东西扔掉。

（9）找东西。

据对美国200家大公司职员作的调查，公司职员每年都要把6周时间浪费在寻找乱放的东西上面。这意味着，他们每年要损失10%的时间。对付这个"时间窃贼"，有一条最好的原则：不用的东西扔掉，不扔掉的东西分门别类保管好。

6.别将时间浪费在电子邮件上

雷巴柯夫说："用'分'来计算时间的人，比用'时'来计算时间的人，时间多59倍。"

维多利亚今年30岁，在纽约市一家商务公司做销售经理。她每天早上8点半到办公室，打开电脑后，她所做的第一件事情就是查收电子邮件。

"电子邮件给我的感觉很复杂，"她坦言，"一方面，我很期待能看到那些与我直接相关的公司的最新的活动信息，我也很愿意收到朋友们的来信。但是另一方面，我很担心面对二三十封既不是直接给我又和我没什么关系的邮件。每天下班前，还会有二三十封邮件出现在收件箱里。最糟的是，我必须打开它们才能确定是不是和我有关。"

在过去几十年里，电子邮件早已经成为人们最有价值的沟通新工具。通过电子邮件，你可以给你的隔壁邻居或地球另一端的朋友发送文字信息、扫描图像或是附加文件。同时，它具有快速、便捷而且廉价的特点。但由于使用方式不当，电子邮件在很大程度上浪费了人们的大量时间。

也就是说，上面提到的维多利亚的情况并不是特例。很多公司的主管、经理和雇员们都会遭到电子邮件的轰炸。根据期刊《弗雷斯调查》几年前的一份研究报告，不管是在自己家里工作的人，还是在办公室里工作的人，甚至是每个月都需要出差的销售人员，平均每天都会收到40~50封非垃圾邮件、发出25封信件，并且每周还会收到70封左右的垃圾邮件。

处理如此众多的电子邮件，会让我们像上面事例中的维多利亚一样消耗掉大量时间。当然，时间并不是全部被浪费掉了，因为对一个组织的工作而言，沟通是最基本的需求。然而，事实上，电子邮件给公司带来的效益远远比在浪费时间上的损失高得多。如果我们拒绝笑话、个人信息、连锁信件、垃圾邮件和误发邮件进入收件箱，并让我们从重要的工作中分神，电子邮件的成本还可以降得更低。在电子邮件开始控制你之前，你需要学一些技巧来控制电子邮件。

（1）每天要有固定几个时间处理你的电子邮件，最好避开自己做事最集中精力的时间段。除非你有一个紧急的邮件并且需要立即作出回复，否则，不要一有新邮件就打开信箱。相反，你应该在每天固定的几个时间内专门查询电子邮件，比如早上上班的前半个小时、午餐后和快下班的时候，这样可以减少电子邮件的打扰。

（2）为私人的信件开设一个单独的电子邮件账户。鼓励自己的亲人、朋友等非业务联系人使用这个信箱地址，这样，你可以在自己家中或中午休息的时候查看这些私人邮件。

（3）用系统的方法处理电子邮件。首先，你要删掉所有垃圾邮件和那些别人强行抄送给你并与你无关的邮件，速度要快；其次，把所有紧急的邮件移到一个标有"紧急邮件"的文件夹里，然后按照你时间表里指定的时间处理；最后，把剩下的那些值得关注的邮件转移到"稍后处理"的文件夹里，等到完成时间表里需要优先解决的事情之后，再来处理这些邮件。

（4）和与你通信的人进行有效的沟通，让他们清楚你所需要的信息。发一封回信这样注明"请不要抄送这个信息给我"或者"关于这个问题，我需要更多的信息"，或者"请把将来有关这一方面的信息直接发给某某人"。这样一两个星期后，你邮箱里那些没有价值的信件便会大量减少。

(5) 公司应当鼓励员工在发信的时候把主题栏填写清楚。清晰的主题栏可以让接收者对信件的基本内容一目了然，也能够让接收者知道该如何处理这封邮件。

关于如何有效地使用电子邮件，我们有以下建议：

(1) 邮件发给有必要看到的人，不要给整个公司的所有人员群发。

(2) 使用回复，但不是"全部回复"。

(3) 给每个小组设定一个主要联系人，这样，如果需要联系，只要联系负责人就可以了。

(4) 及时更新组员信息。

(5) 如果你想退出小组，就让你的负责人把你的名字以及联系方式从组员中删除。

(6) 不要发没有必要的邮件，比如笑话之类，很多员工不喜欢接收这类无聊的邮件。

(7) 如果你有事情要同别人商量，而事情又比较复杂，就不要一直用发邮件的方式，你可以采用打电话或者采用即时通讯等比较快捷的交流方式。

7.业绩才是企业的生命所在

聘用员工，不仅仅是因为员工知道做什么，还要看到他们"怎么做"。

一个负责任的员工应该知道，业绩是企业的生命所在，几乎每一个企业都把业绩作为自己企业文化的重要组成部分，甚至把业绩当作员工的重要素质标准之一。

GE（通用电气）的业绩观在其核心价值观中就占有十分重要的地位，所以该公司也特别重视对员工进行这方面的培训。刚进入公司的新员工，公司会在其入职时告诉他们，业绩在GE的企业文化中占有非常重要的地位。

在GE，所有员工无论来自世界名牌大学还是不知名的学校，也不论以往在其他公司曾经有过多么出色的工作经历，只要进入GE，就站在了同一起跑线上。每个员工必须重新开始，从进入GE开始，衡量员工的就是他在GE的业绩、对GE所作的贡献，公司看重的是员工现在及今后的表现而非他过去的经历。

所以，对任何员工而言，一切必须以业绩为导向。高绩效是好员工的显著标志，没有绩效，再聪明的员工也会被淘汰出企业。

3年前，小刘进入现在所属的公司，这几年里，她从未迟到早退过，更别提请假旷工，即使是身体不舒服或者家里有事，她也会想方设法地按时出现在自己的办公桌前。工作上，上级交给的任务她总是第一时间完成，力求完美；在人际关系上，不论是与上级还是和同事，她都恭敬有加，客气而温和。可以说，这3年中，她的敬业精神和为人都无可挑剔。

但一天午餐时间与同事闲聊，她意外知道才来了4个月的女孩年终奖竟然比自己多一倍，还有可能晋升。听到这个消息，小刘的心情五味杂陈。这几年来，自己的敬业和付出在领导眼里竟然抵不过别人4个月的工作，委屈、恼怒、辛酸、痛恨一齐涌上了心头。

几天后，公司会议室的业绩展示栏上张贴了最近一个季度的业绩情况，看到新来女孩的业绩，小刘的嘴巴都无法合拢——那个女孩的业绩超过了公司所有人，而且是以往没有过的，可谓是创了公司业绩史上的纪录。

这下，小刘终于明白，没有什么比工作业绩更重要。

不要指望有什么借口可以替代业绩，也别希望借助自身的其他优势来"遮盖"老板对业绩的追寻，只要你身在其位，业绩就是你必然的选择。

出色的业绩绝不是管理者口头上说说员工就能得到的，要吃樱桃就要先栽树，要想收获，第一步就是付出。

出色的业绩需要鞭策员工，使其在工作的每一个阶段都能找出更有效率、更经济的方法。

(1) 让员工积极改进。

很多人由于对工作不太熟悉，只是一味地盲目服从老板的命令。优秀员工不会这样做，其实也不应该如此，优秀的员工从不把老板的指令当"圣旨"。

比如，他们接到一项明确的任务，如果在老板的指令之外，还有另外一条更好的途径可走，他们会主动请示老板，寻求积极改进。他们会运用他们的推理和说服力，动之以情，晓之以理，阐述自己的看法，让老板相信：工作未按自己所想的进行，但会用一种更好的方法完成。

(2) 让员工学会主动请愿。

老板有时会被公司事务缠得焦头烂额，甚至手足无措，优秀的员工能够明察秋毫，并在适当的时机主动站出来，为老板解忧。特别是在公司事务一筹莫展，老板迫切需要帮助的时候，他们不会像胆小者那样袖手旁观，而是积极挺身而出，危难时刻施与援手。

（3）订立明确的业绩目标。

21世纪的今天是一个充满竞争、机遇与挑战的时代，更是一个以绩效论英雄的社会。在这种残酷、压力重重的环境中，每个公司只有时刻以业绩的增长、竞争力的增加为目标才能生存。而要达到这个目标，公司员工就必须与公司制订的长期目标保持步调一致，而真正能做到"一致"的，只有那些主动进取、不断上进的优秀员工。

主动进取的关键在于制订富有挑战性的绩效目标。那些不断取得出色业绩的员工在与同事竞争的同时，也在不断地挑战自我，超越自我。

做没有目标的工作，不但时间会悄无声息地溜走，还会慢慢让员工形成马虎、应付了事的工作态度。

另外，没有目标的激励，工作效率也会降低。

只有订立了明确的业绩目标，你才会从思想上坚定自己拥有优异业绩的信心，才会坚定全力以赴达成预定业绩目标的意志，以致最终取得令人满意的业绩。

（4）让员工学会自我反省。

除此之外，员工每天的自我反省、自我检查也很重要，这让他们在牢记要达成目标的同时还能实现自我完善。工作中经常会出现这样的情况：一直在忙碌却忘了目标，结果时间没有了，等发觉时却已接近最后期限，目标自然无法达成。

为了保证目标的达成，同时能够自我完善，员工每天记录自己的成绩并重申目标非常必要，只有这样才能保持持续强劲的战斗力。

另外，在业绩考评上，企业管理者必须注意：

第一，大脑浪费了多少脑细胞也许不能统计出来，但咨询工作的任务指标却一定要数字化。即便是薪酬体系这样看似没法量化的也是有数字的，例如员工薪酬满意率达到多少、薪酬在运营成本所占比重比等。

第二，千万不要以"大幅度提升品牌市场影响率""大幅度提高员工积极性"为考核标准，因为这样做之后，企业根本没有办法统计收益，而且对于员工也没有数字压力。

技巧：高效开会有诀窍

以一周为期，算算以下这几个问题你的统计数字：

（1）总共开了几次会？

（2）每次会议持续多长时间？

（3）因为与会者迟到、会上跑题、开玩笑而在会议室里浪费的时间有多长？

（4）因为开会达成了几个结论、提出了几项建议、解决了几个问题？

（5）因为开会而错过了什么时机、耽误了多少工作、多加了多久的班？

（6）因为开会而花了多长时间去准备一个PPT（幻灯片），会后又花了多长时间去整理会议记录、撰写报告？

……

通过以上的数据，也许办公室管理者们会对会议在工作之中起到的作用有一个直观的认识。

开会频率不低，效率却不高，甚至开几个会也得不出一个结果。

当然，如果就此得出开会总是浪费时间的结论，也有些不客观。

实际上，一些大家已经形成固定习惯的程序性例会，通常都会有相对规范的流程，按照流程一步步走下来，倒也有不错的效率。因为一切都形成了习惯，所以进行起来非常简单。这和通常所说的用制度来保障效率是一样的道理。因此，程序是会议能否开得高效的核心因素。

到这里有些人可能要质疑：程序对于常规例会来说也许的确很重要，但对于头脑风暴类型的会议，程序是无用的，甚至有可能会阻碍思维天马行空的发挥性。其实这是个误区，当然，发散性思维对于创意而言至关重要，但没有一定的会议流程保证，让会议在闲话、跑题和观点碰撞之间游走，也会导致浪费时间而不自知。

要想做到让开会变得更加高效，可以分成会前、会上及会后三个部分规范流程，这看似麻烦，但实际上却是磨刀不误砍柴工的做法。

会议前

(1) 会议目的具体化

很多人会觉得这是一句废话，开会的时候当然要知道要达成什么目的。比如，这次会议是为了下半年要推出的新产品制定广告策略。但这个目的看似清楚，实际上太过于笼统宽泛，因此在执行中很难做到有明确的针对性。

不妨把这个目的更加具体化，细分为讨论预算、讨论投放渠道、讨论针对人群等。更进一步的做法则是，给每一项具体的讨论目的分配15分钟、20分钟等具体的执行时间。这也在无形之中预先做到了规范会议流程，能让每个参与者做到心中有数，发言有的放矢，同时也能避免同一时间讨论多个问题，甚至交叉讨论，以及在一个问题纠缠过多时间的情况。

(2) 邀请最合适的与会人员

开会这件事并不是人多力量大，而通常是人多浪费的时间也多。七八个人的会议是最有效率的，能让彼此畅所欲言，充分沟通，同时能保证所有人都集中注意力。再多的话，要么是浪费外延人员的时间，要么是有意见没有足够的时间表达。

除非是表彰大会、团拜会、联欢会这类"会议"，否则，对工作性会议来说，开一次多人的大会绝对不如分割成好几个十人以内的小会来得效率高。

(3) 严格遵守会议规则

守时、不打电话、不在会上私下开小会……这些是常识性的规定，虽然没必要每次都拿出来读一遍，但必须要非常严格地去执行。比如，迟到一次罚50元钱这样的规则执行与否，绝对会对开会效果产生很大的影响。

会议中

(1) 设立会议主持者

主持者同时也是流程控制者，他对于调动会议气氛、节奏都有着相当重要的作用。

经常会出现的情况是，讨论到兴致很高的时候就扯到一边去了，这时，主持者就要设法将大家拉回来。另外，对于一些虽然与会议相关，但并不是与会者都关心的事情，或者说利用会议这点时间根本讨论不清楚的事情，在不影响会议正常进行的情况下，都要及时打断。比如，可以就其中的几个人在会后另开一个小型会议来探讨这个话题，而不要让其阻塞会议的进行。

(2) 减少PPT

很多外企都很喜欢在会议上使用精美漂亮的PPT，从而在制作上耗费了大量人力。但其实，在会议中有不少PPT都是形式大于内容，不仅如此，还会拉长发言时间，模糊焦点内容。凡事最重要的是适度原则，因此，可以不用PPT的时候，就尽量言简意赅，放弃PPT吧。

(3) 相互尊重的发言规则

最有效的交流须基于谈话者的互相信任和互相尊重，但这仍然依赖于一些具体的措施来保障。例如，不要在别人发言的时候打断别人，认真听别人在讲什么，并思考对方所讲的内容，而不要只是在想自己下面要说什么；如果别人已经说了你想说的，就不要再重复；给每一个人以同等的发言机会，观点没有绝对的对错，只要能说出理由；就事论事，不要把同事之间的私人感情带到会议中，因为观点不同而借机在团队里攻击或伤害某个人。

（4）及时做阶段性总结

在一个小时以上的会议中，出现与会者注意力不集中、疲倦或厌倦的情况都是很正常的，所以，会议的主持者可以阶段性地做一些简要的总结，既可以拉回大家的注意力，又可以让会议的节奏感更加明确，同时能够强调会议的阶段性成效，以激励大家。

当然，最后的总结也很有必要。如果得出了结论，结论是什么；如果没有得出结论，那么今天的讨论至少取得了哪些共识，还有哪些争议，接下来要做的是什么，将在多长的时间段内完成下一阶段的任务。

（5）议而不决的时候就不议

既然制订了程序，就一定要保证能够执行下去。给每一个议题规定的时间都是有限的，如果遇上很难达成共识的内容，不妨暂且搁置争议，按照流程先讨论其他的，以免耽误大家的时间。至于争议的内容，可以请大家先各自再做一些深入的思考，另行开会。

会议后

（1）让更多人清楚会议成果

虽然说会议上要减少PPT，但会议后将成果简明扼要地落实到书面上却是很有必要的。因为一次会议的参与者有限，但一个项目的参与者却有可能很多，所以，让所有没有参加会议但与会议成果执行有关的人员普遍了解到各项具体的决议是不可以忽略的一个环节，这也是接下来开第二级细分会议所必不可少的准备工作。

（2）跟进和落实

有句话说得好，坐而言不如起而行。会上计划得再好，设想得再完美，如果决议得不到执行，计划得不到实施，那也无异于竹篮打水一场空。会议能取得效果，最重要的也在于让与会者负起执行会议上做出的决定的责任。跟进会议中的每一个行动事项分配给了哪个人、每个行动事项的截止时间是什么，才算是达成了会议的最终目标。

第七章

简化工作，
克服办公时间管理障碍

1.如何面对受干扰的工作氛围

哈佛时间管理项目研究人员发现，许多人在管理时间的过程中会遇到一些障碍和问题，比如一个混乱、嘈杂、高要求的工作环境，或者一个受干扰影响的文化氛围。

由于工作能力突出，布朗在一个月前被公司的老板任命为部门经理。这一度使布朗非常兴奋，觉得自己终于可以在更高的平台上展现自己的聪明才智了。然而，升职之后，布朗却被新工作搞得晕头转向，他觉得有许多因素阻碍着他合理地分配自己的时间。他所在的工作环境比较混乱、嘈杂，让他无法安静地去分配时间，正常地进行工作。

他经常被公司其他的同事呼来唤去，被他的老板、同级管理人员以及他自己写的报告牵扯进各种毫不相干的会议中。

布朗的脑子一直在高速运转着，他有太多的文件需要处理，他桌子上的文件一摞一摞地增加，而且每当他从文件堆里抽出一些准备处理的时候，就会有人要求他尽快去做其他事，要不就是电话响了，要不就是电子邮件突然出现在他的显示屏上，要不就是又有一个会议要开始了。

一天晚上，虽然已经下班了，但他还待在办公室里，没有其他人，没有电话，没有电子邮件，只有布朗和大量的文件。然而，布朗还是不知道该从哪里做起。最上面的文件？那摞文件可能是最重要的；最下面的文件？那一摞大概是时间最久的。布朗不禁叹息，他怎么会落到这种地步呢？他一直是一个了不起的员工，总能有效又准时地完成各项工作，他真的是在享受工作。为什么成为一个管理人员之后，他就失去控制了呢？怎样做才能让他搞清楚他应该把精力集中在哪里？怎样做才能使他重新掌握自己的时间？这些让布朗感到很头疼，他需要找到行之有效的解决办法。

你在每天的生活中遵循合理分配时间和管理之间的原则，不断地学习、训练、坚持，以及自我认识。在你开始朝着自己的目标努力工作和调整自己的日程表的时候，可能也会遇到妨碍你有效利用时间的各种障碍。这个时候，你要辨别你所遇到的障碍，不要被这些障碍压垮。一次处理一个障碍，把各种障碍分开，努力解决掉它们。

你要知道，即便对于那些干扰影响最大的和具有很强时间敏感性的环境，合理分配时间的原则也是适用的。凭借着尝试、悟性和决心，相信你能够学会合理地分配自己的时间。

如果你所在的公司企业文化是建立在顺畅的沟通交流、持续的团队配合，以及不断协同增效的工作氛围基础上的，你可能会感到振奋。但这样的企业文化也可能会非常容易令人分心。即使你已经安排好时间去完成某个工作，也不能保证不发生类似于某个人突然出现，或是某件事情突然产生这样的状况。由于出现的干扰问题可能很难解决，所以你需要适应它，找到解决它的有效办法。

如果你是一个管理人员，想高效率地工作，就要采取几个方法排斥浪费时间的因素。你可以关上办公室的房门，这说明你现在不是适当的交流时间。你也可以利用这些干扰因素同时做几件事情，把正在进行的每个项目的待办事项清单详细地记录到你的电脑上，随时查看。

有时候，太平易近人并不是一个有利于时间管理的因素。你每天需要花费大量的时间与他人进行交流，再花上整个晚上的时间去做本来应该在白天完成的工作。当别人进来见你的时候，你要问清楚他要讨论的是什么问题，是不是你能够或者必须马上去做的。如果不是，就可以把它们列在清单上。你还可以拿出你的清单，和他自信地研究你们两个应该讨论的问题。

此外，你还可以通过预先安排定期的会议将别人的干扰降到最低的程度，同时检查经常出现的干扰问题的类别，试着改进应变计划。

很多时候，你可以用授权的方法来排除干扰问题。但是，如果是只有你才能够解决的干扰问题，那就马上去处理，以便你可以回到自己的优先事项上去。即使排除干扰花费了你半天的时间，你仍可以把精力集中在这天剩下的时间上。

你不需要一直为来访者敞开房门。在某些情况下，你也许会发现，拒绝与没有预约的来访者见面是较好的做法。

（1）确定意外的来访者是不是有急事，或者是马上就可以解决的事。

（2）如果可能的话，另外安排一个时间与来访者会面。

（3）如果可能的话，把来访者介绍给另一位合适的人。

（4）在你突然放下手头的工作之前，做一个记录，提醒自己工作做到哪里了，在处理完干扰你的那件事之后，回到刚才做的那个工作上。

如果有必要的话，接受那些干扰你的工作，采取进一步措施，然后重新回到被打断之前记忆中的位置。但是，那并不是总能够做得到的。

2.跟上老板的思维

哈佛大学商学院的一个教授认为，人们在工作的过程中要坚持一个重要的原则，那就是要跟得上上司的思维，与老板步调保持一致。这样，你才能忙碌在点子上，为公司贡献更多的力量。

与老板步调保持一致是员工和老板实现合作双赢的重要前提。如果你的老板总是抱怨你不够机灵，交代过多少次都不明白，你就有必要反省一下自己了，你需要在领悟力上下功夫，否则将很难得到老板的赏识。

卡恩是美国加利福尼亚州一家广告公司的职员。他原本在一个工作岗位上干得非常出色，但上司却突然把他调到一个偏远的地区开拓市场，而想在那个地区开展业务又特别困难。为此，卡恩抱怨连连，他不断地跟身边的朋友说："我工作那么努力，成绩斐然，但是现在非但没有升迁，反而被调到偏远地区，在那么糟糕的部门工作，这不是逼着我辞职吗？"

但实际情况却是，卡恩的上司觉得卡恩是一个不可多得的人才，因为太年轻，办事欠妥当，不能够深思熟虑，因此决定派他到其他地方锻炼一下，以备将来委以重任。

当卡恩把辞职书递到上司的办公桌上时，上司问他为什么辞职。卡恩抱怨道："我觉得在新的部门没什么发展前途，在那里开展业务太困难了，去那里工作是在浪费时间。所以，我决定辞职。"

上司摇了摇头，然后微笑着对卡恩说："你太不了解我的心思了。我觉得你是一个人才，将来肯定能够出人头地，现在把你派到那里是为了锻炼你的工作能力。在那个地区，虽然开展业务很难，但能磨炼你的毅力，让你更加成熟，提高你的工作水平。我们公司这几年发展迅速，市场占有率逐年上升，需要的人才越来越多。如果你的业务能力更强了，将来肯定有更大的发展。"

卡恩听了上司的话，恍然大悟，赶紧收回了辞职信，心情愉悦地回去工作了。

作为下属，你的脑子一定要转得快，要跟上老板的思维，这样才能够成为老板的得力助手。为此，你不仅要努力地学习知识技能，还要向老板学习，这样才能弄明白他的意图。

有时候，老板碍于身份，许多话无法直截了当地说出来，如果你是一位有心人，通过察言观色，充分领悟出他的意图，你就能获得老板的认可。要领会老板的意图，还要善于与老板进行换位思考。然而，实际生活中却有很多人不懂得与老板进行换位思考。

哈佛大学商学院前任院长金·克拉克认为，不能够和上司进行换位思考是许多人事业上无法成大器的重要原因之一，他说："在我们从事的商业中，的确有不少似乎充满了才华的人，他们工作勤奋，对上司的旨意从来不打折扣，他们自己也坚信是很热心地服务于自己的公司的。他们的这种勤奋及忠诚在一定程度上也获得了上司及领导的好感，并提升了他们做自己手下的主管或领班。但是，他们就是不能再一次超越自己，其前程也永远止步不前了。最简单的理由就是因为他们对于每个问题常常是依照自己所熟悉的那一局部的办事立场来解决，他们根本就没有想到考虑全局或以公司领导的立场去解决。他们也从不将自己置身于公司领导的位置去设想：'领导为什么这么想？他是怎样看待这一问题的？我的想法和领导的差距在哪里？如果我真的处于领导的地位，对于这类事情，我又该如何去处理呢？'"

许多职场人士认为，在他们所从事的事业中，给予他们最多帮助的是依照上司的办事习惯去做分派给自己的任务。因为他们知道，虽然他们有自己的想法，但能力远远不如领导。他们都熟悉自己的上司，在做每件事情的时候会模仿自己的上司，并赶到他们前面。经过这样的努力，他们最终锻炼了自己，也成就了自己。

3.简化工作中的问题

哈佛时间管理项目研究人员认为，简化问题、避免冗繁是人们提高工作效率的重要途径。

一个真正有大才能的人能在工作过程中感到最高度的快乐。

世界500强企业之一的宝洁公司，其制度具有人员精简、结构简单的特点。正是由于这样有特点的公司制度，使得宝洁公司成为了世界最大的日用消费品公司之一，2004—2005年度，其销售额高达567亿美元。在《财富》杂志评选出的全球500家最大工业/服务业企业中，宝洁排名第86位。该公司全球雇员近11万人，并在80多个国家设有工厂及分公司，所经营的300多个品牌的产品畅销160多个国家和地区，其中包括织物及家居护理、美发美容、婴儿及家庭护理、健康护理、食品及饮料等。

宝洁公司强烈地厌恶任何超过一页的备忘录，推行简单高效的卓越工作方法。曾任该公司总裁的哈里在谈到宝洁公司的"一页备忘录"时说："从意见中择出事实的一页报告，正是宝洁公司做决策的基础。"

哈里当总裁期间，通常会在退回一个冗长的备忘录时加上一条命令："把它简化成我所需要的东西！"如果该备忘录过于复杂，他会加上一句："我不理解复杂的情况，我只理解简单明了的。"

无论我们从事什么工作，最简单的办法就是最好的办法。苹果电脑公司前总裁约翰·斯卡利曾说过："未来属于简单思考的人。"如何在复杂的工作环境中采用最简单有效的手段和措施去解决问题，这是每一位企业管理人员和员工都必须认真思考的问题。

简化问题是我们简化工作的一个重要原则。正确地组织安排自己的工作，首先意味着准确地计算和支配自己的时间，虽然客观条件使得你一时难以做到，但只要你尽力坚持按计划利用好自己的时间，并根据分析总结采取相应的改进措施，你就一定能够提高效率。

简化问题可以帮助我们把握工作的重点，集中精力做最重要或者最紧急的事情。在高强度的工作条件下，我们如果不能理清思路，以复杂问题简单化的思路来开展工作，有针对性地解决重点问题，最初制订的各项目标就难以实现。

在做一件事情的时候，你应该问自己3个问题："能不能取消它？""能不能把它与别的事情一起做？""能不能用更简单的方法完成它？"

在这3个原则的指导下，你就能够把复杂的事情简单化，做事效率自然也会明显提高。

哈佛时间管理项目研究人员建议人们，简化工作可以从工作中的一些细节方面入手。例如，可以通过有效地利用办公用具达到简化工作的目的。

（1）有效地利用名片简化人际管理。

名片不仅是记录姓名、电话的纸片，也可以成为简化人际管理的工具。当一位刚结识的人递给你一张新名片后，你应该在名片上及时记下你们见面的时间、地点、会谈的主题和重点、由什么人介绍你们认识，以及双方约定的后续接触事项。

（2）合理地利用记事本。

在记事本中，你应该分成四项来登记：常用电话号码、待办杂事、代写的文件、待办事项。事情办完后，就可以用笔把它划掉。

如果你觉得记事本的内容比较复杂，你可以用不同颜色增进效率。比如说，用红色的笔代表紧急的事情，黑色的笔代表一般的事情。总之，要用不同的颜色标出事情的优先顺序和重要程度。

（3）做好环境管理。

一个人的工作效率与他所处的工作环境有很大关系。办公环境的杂乱往往会使一个人在烦躁中度过效率低下的一天。不管你是一个高级主管，还是一名普通的员工，如果不注重收拾自己的办公环境，就可能在找东西上浪费很多时间。

每天下班后，你需要把目前不需要的各类书籍、文件夹、笔记和其他各种材料收到柜子里放好，为第二天继续工作做好准备。这样，第二天你才能在一个井然有序的环境中工作，心情也会很好。

想要将简化工作变成一种习惯，贵在执行。下面是哈佛大学的研究人员提出来的一系列最实用的简化工作的方法：

第一，清楚地知道工作的目标和具体要求，避免重复工作，从而减少发生错误的机会。你要知道自己应该做什么，工作的目标对你有什么样的影响，这个目标对你有什么意义。当你搞清楚这些之后，再进行工作。

第二，主动提醒上级把工作按照优先顺序进行排列，这样可以大大减轻工作负担。

第三，当完全没有必要进行沟通时，不要浪费自己的时间和精力，尝试让同事或者客户改变什么。

第四，专注于工作本身，而非各类有关绩效考核的名目。

4.学习授权的艺术

能用他人的智慧去完成自己工作的人是伟大的。

被誉为"石油大王"的洛克菲勒所取得的一切成绩都离不开他个人独特的经营理念与善于授权的智慧。

在使用人才时，洛克菲勒有着极强的原则性，他往往会先将一项具体的任务交给对方，如果对方可以按时保证质量地完成，他便会放手让对方去发挥自己的能力做更多的事情。只要对方是真的有才，他便不会过问对方做事的方法、细节问题。由于懂得充分授权的重要性，他总是可以与下属建立起极佳的合作关系。

在进行南美某项目的投资时，洛克菲勒那个一向才华横溢的合伙人爱德华·贝特由于信息失误而导致一笔生意惨败。在后期进行财务盘算时，贝特发现，这一损失高达100万美元。对此，他非常内疚。

当他将自己的失误告之对方时，洛克菲勒却面带微笑夸奖了他："不错，非常好！能保全这么多已经非常难能可贵了。全靠你处理有方，我们的损失才能降到最低。这已经远远出乎我的意料之外了！"

此后，洛克菲勒又将其他地区的投资项目交给了贝特，而且丝毫没有质疑他的能力。这样的充分授权令贝特将心里沉重的包袱放下。在日后的工作中，他将自己的感激与忠诚全部给了标准石油，并以更努力、更细心的经营为洛克菲勒在全球范围内的资本扩张做出了巨大的贡献。

授权是一门涉及范围极广的艺术，一个成功的领导者并不需要时时事事皆亲力亲为，而是要通过恰当、适时的授权，在用人、办事、经济、管理等方面让下级将自己的创造力与积极性充分地发挥出来，从而达到实现组织目标的目的。

想要掌握授权的艺术，管理者应该注意以下两大问题：

一是根据员工表现调整自我授权风格。

在面对不同的人时，或在不同的处境中，管理者的领导风格都应出现相应的变化，以令自己的管理风格与下属的状态和水平相适应。

以下是几种在管理过程中经常会出现的员工状态：

（1）不愿意、不能接受任务，或对任务无把握完成者。

如果团队成员在工作过程中表现得毫无相关知识与技能，而且没有兴趣、信心学习此类技能，管理者应以命令与严格的监督模式来具体地引导与指挥他们。

（2）无能力但愿意接受任务，或有信心但暂时无能力接受任务者。

在经过了第一阶段的工作经历之后，下属已经具备了一定的自信，并希望自己可以继续学习，就算其技能依然达不到任务所要求的标准，管理者也应对其进行积极的指导与相应的激励。

（3）有能力但不愿意接受任务，或有能力但无把握完成任务者。

如果面临更具有挑战性的任务，员工很可能会再次出现不自信或者由于动力缺乏而不愿意接受任务的现象。此时，管理者应号召团队精神以激励下属，并帮助员工解决相应的问题。

（4）有能力并愿意接受任务，或有能力、有信心去接受任务。

在管理者的激励与指导之下，团队成员会一步步地走向成熟，而其能力、意愿等各个方面都已可以适应工作了。这时，管理者应将任务放心地交给团队成员，自己只需要做好相应的监控与考察工作就可以了。

二是选择好授权对象。

在现实生活中，以下几种人是最佳的授权对象：

（1）忠诚的无私者。

这类人敢于在执行任务的过程中坚持自己的做事原则与相应的规则，他们办事认真、有始有终，一旦得到了授权，他们便会对授权者表示最忠实的支持。

（2）积极奉献者。

这类人虽然工作能力不一定非常强，但是乐于为团队多做额外的工作，而且总是愿意积极地付出和奉献。将任务、权力下放到这类人的手中，工作往往很好开展。

（3）拥有极强创新能力者。

他们敢于在平凡的工作中寻找新的突破点，愿意寻找新方法、新途径去解决问题。将权力授予这种人，往往会使整个团队的工作局面为之一新。

（4）善于团结、懂得协作者。

在具体的工作中，他们极擅长人际关系的打理，有着非常强的向心力与凝聚力。将一些需要团队力量的任务交给他们，往往会让你有意外的收获。

（5）独立性极强的人。

这种类型的人的独立思考能力极强，善于发现问题，善于解决棘手问题，并习惯于提供有价值的独特见解。在接受授权之后，他们开放式的思想方式往往会让授权者耳目一新。

（6）偶尔犯下错误并渴望得到更改机会者。

许多人都会有这样的感觉：因为犯下了错误而感觉丢了面子，在心存愧疚的同时还渴望以新的表现机会重新获得他人信赖。如果管理者可以大胆一些，将权力再次授予他们，他们的积极性要比以上几种人更强。

想要让授权成功进行，你需要学习一些相应的技巧，以增进授权整体的效能与作用。

以下是几个进行授权时非常有用的要诀，管理者们可以尝试着去运用一下：

要诀一：明确任务目标与完成期限。

在授权时，一定要将任务的最终达成目标、何时应完成任务等这类基本信息告知员工。唯有清楚了这些，员工才能找到基本的行动方向。

要诀二：提问更详细一些。

在问询对方时，应该将问题具体化，有针对性地进行提问，而不应问"清楚了吗？""懂了吗？"这样的语句，否则，员工很可能因为害怕自尊受损而不愿开口。

要诀三：授权后适度放手。

与其紧迫地盯人，还不如开始就将一切交代清楚，之后放手让员工去做。这样，管理者不仅可以省去一些精力，更可以让员工清楚地知道自己的能力所在。

要诀四：让员工感觉到他可以从任务中得到明确的好处。

这种好处可以是技能上的提升，也可以是金钱上的回报。如果管理者将权力授予他只是因为自己的事情太多，忙不过来，那便不是授权，而是"帮主管打杂"。

5.人尽其才，人尽其用

最好的CEO是构建他们的团队来达成梦想，即便卓越如迈克尔·乔丹，也需要队友来一起打比赛。

洛瑞是一名能干而热情的工程师，最近新晋升为一个项目小组的主管。洛瑞希望自己的专业技能能够超过下属，而且比他们更好、更快地完成工作任务，所以，他打算先集中精力完成工作，以后再慢慢地培训他们。因此，洛瑞并没有分派重要的工作给他的下属，总是亲自完成部门里有价值的工作，其下属只是做一些比较简单平常的工作，也不太了解这个项目的重大事项。其中有一名骨干，因为工作缺乏挑战性，不利于个人成长而辞职，而洛瑞却一个人经常加班加点，在项目组里成了不可或缺、无可替代的核心。

哈佛大学的一些学者认为，委派工作就是将工作职责和职权赋予指定的个人或团队，使该个人或团队对组织产生承诺、归属感和参与感，提升其工作价值和组织贡献度，同时使管理者能够从日常事务中解脱出来，专心致力于那些更重要、更高价值的核心工作。简而言之，委派工作就是把工作任务交给下属去做。

管理者必须要掌握委派工作的技能，才可以让自己从繁杂的事务中解脱出来，同时又能够让下级得到锻炼，让他们创造自己岗位职责的绩效和价值。

有些主管不重视委派工作，认为这只是一个工作风格的问题，交代一下就可以了。其实，委派工作是一项最基础、最基本的工作，与管理风格没有关系。

委派对员工的好处主要体现在以下几个方面：

（1）委派能够让员工得到更多的锻炼机会，激发他们的工作热情。

（2）委派能够让员工独立承担职责，行使某一项职权，让他们体会到工作的乐趣和自身的价值。

（3）委派能够让员工的潜能得到开发，使员工对自己的职业发展更有信心。

委派可以让组织、团队更加有序、有机地运作，大家各司其职，合理分工，相互协作，共同完成组织的目标。组织目标的实现，不是单靠哪一个员工和管理者就能完成的，要靠所有的人共同努力。

委派对管理者的影响主要体现在以下几个方面：

（1）委派可以使管理者从烦琐的日常事务中脱离出来，提高自己的工作效率。

（2）委派可以避免出现部门的大部分工作都压在管理者身上的现象，能使管理者工作起来更轻松。

（3）委派还能够使管理者看到下属实际的工作能力，以及他们在不同方面的特长、兴趣、喜好等，增进对下属的了解。

一个公司的管理者有效的委派，也会使公司从中获益，特别是当员工被授权可以在一定程度上决策的时候。因为下属总是比上司更接近客户，更熟悉公司的日常业务，他们在自己的位置上做出的决定对公司是绝对有好处的。由此可以看出，委派可以使公司的业务流程更加通畅平滑。同时，委派还能够使公司内部的信息、服务、物资和整个资金链更为流畅。

其实，企业内部是一个供应链，是一个流程，这个供应链包括信息的供应链，信息传播的通路、渠道和服务的供应链，也就是内部客户和外部客户，以及经销商和终端用户。

消费者和内部客户是业务流程的下一道工序，每一个部门、每一个岗位都要为自己的内外部客户服务，包括钱流、物流、信息流和服务流等。要做到外部客户满意，内部客户一定要平滑、流畅。中医云，通则不痛，痛则不通。如果经络不通，就可能会有疾病发生。同理，如果组织内部的业务流程不顺畅，就可能会导致外部客户投诉，给公司造成不利影响。

各级组织和管理者向下委派工作，要能够做到人尽其职，控制有力，检查到位，提高执行力。同时，下属在委派的工作中也得到了锻炼，得到了成长，公司的发展才不会感到后继无人。由此可见，委派对公司、管理者、员工个人都有很大的好处。

在企业里面，有很多员工的潜能可能连他们自己都没有发现，作为一名管理者，要善于发现、挖掘和培养他们，为企业储备更多的人才。委派工作就是发现员工潜能的有效手段之一。但有些管理者也可能对委派存在着一些错误的认知。

（1）委派就是让下属承担他的工作，承担相应的职责，这是作为一名管理者对委派的正确认知。所以，委派的工作一定要与下属的职责、责任完全相关。

（2）委派要让下属也享有完成其工作所需要的适当资源和权限。也就是说，下属完成这件工作，在他职责范围内的责、权、利一定要清晰明了。

（3）委派人同样要对委派工作、被委派人负责。委派出去的工作如果出现错误，委派的上级也要承担责任。

（4）委派是由下属完成工作，要让他们自己决定怎样去做，委派人只是起一个监督或者指导的作用。

（5）委派不仅仅是给下属提供锻炼的机会，同时还是让他们具备完成工作的能力，或者说，这本身就是下属的职责所在，即使他早已掌握了这样的技能，出于职责的要求，他们还是要去做。

在工作过程中，作为一名管理者，要对自己委派工作的技能进行评估，了解自己委派工作的能力如何，这样才能更好地发挥委派的作用。为此，管理者可以通过以下一些方面评估自己委派工作的技能：

（1）管理者是否对每一个下属做出具体的期望和要求，然后用文字写下来，再跟他们进行面谈与沟通？管理者要让下属知道对他们的具体期望和要求。

（2）管理者是否让下属参与到解决问题、自我评估、设定目标和提高生产力的活动中去？管理者有没有让下属参与到团队管理工作中？

（3）管理者应该把每天工作的重心和多数时间放在管理组织和控制上，而不是去做常规性的、琐碎的或者技术性的具体工作。

（4）管理者在分配工作任务的时候，应精心挑选最合适的人，知道到底把这个工作分派给谁，同时要知道谁在负责这个工作。

（5）当委派工作出现一些问题的时候，管理者能够让受托人自己解决问题，而不要太多、太直接地干预。

（6）在委派工作的时候，管理者会针对工作中所有的细节问题做一个简要说明，让下属明白工作的重点在哪里。

（7）委派可以帮助下属改进和提高自己的工作技能，按照这个原则去分派工作时，委派的工作一定是对提高下属的技能有利的。

（8）在紧急情况下，管理者应该去支持和帮助下属，但是不亲自参与到具体工作中，或者帮助其完成。也就是说，当下属不能完成委派工作时，管理者不应该主动帮他完成，或者主动参与，除非下属有请求。

不过，紧急状况或特殊情形下，管理者可以帮助下属完成工作。

（1）在分派工作任务的时候，管理者要强调所期望的结果，并要求下属对这个结果负责，而不是强调如何去完成工作或者简单地推卸责任，管理者也必须要对这个结果负责。

（2）管理者不要跟自己的下属谈更多的如何做的具体细节，应该强调工作任务是什么，工作任务的细节问题要讲清楚，但具体方案和行动计划是下属要去做的工作。

6.学会借力，事半功倍

哈佛大学时间管理项目的研究人员认为，一个人的能力是有限的，一个好的管理者或是一个聪明的人，他们都懂得如何去借助别人的力量来为自己办事。能够有效借助于人，也是打通自己时间、打通自己人脉的一个重要手段。如果你能够有效借用别人的力量，并为己所用，那你做事情就能够真正达到事半功倍的效果。

加伦是一家IT公司的营销部经理。有一天，他带领一个团队去参加一个某国际产品的展销会。在开展之前，有许多事情需要加伦做，包括展位设计、产品组装、资料整理和分装等。

加伦亲自做了一段时间之后，突然灵机一动：为什么不把工作分派给其他员工呢？有了他们的帮助，工作肯定会完成得更快。于是，他把几个精明能干的员工叫到跟前，把自己的意图告诉他们，委派他们分别监管展位设计、产品组装、资料整理等项工作，有什么问题随时向自己汇报。

加伦的委派使那几个员工感觉到了他们的重要性，于是非常认真地指导、查看自己负责的部分，力求做到完美。而加伦通过借助员工的力量把自己解脱了出来，得以站在全局的角度去把握整个工作。

在开展的前一天晚上，公司的老板亲自来到展场，检查展场的准备情况。看到展厅已经布置得井井有条，老板甚感欣慰，大大赞赏了加伦和整个工作团队。

(1) 确认哪些事是你必须亲自做的。

不管什么时候，我们都要明确哪些事是必须亲自做的，哪些是应该交给别人去做的。要把时间花在重点上，而不要把它们浪费在不必要的事情上。

当你确认了那些你必须亲自做的事情之后，你所要做的就是坚持，时刻坚持把你的时间优先分配到这些重要的事情上，而不要一味地去应付那些紧急而不重要的事情。

(2) 有些事情让别人去干更为合适。

如果你不擅长做这件事，不妨把它交给那些擅长的人去做。也许你做这件事要花10分钟，而别人1分钟就能解决。这不是个人能力问题，而是我们各有专长，所拥有的便利条件也不同。

举个例子，如果你要自己做个蛋糕，你要先去买面粉、鸡蛋、奶油，准备好模具和烤箱，这会花掉你很多时间。而且，如果你从来没有做过蛋糕，你还要花时间去琢磨该怎么做，就算最后做出来了，也不一定好吃。若是交给一个面点师来做，他不需要特地去准备这些材料，因为这些东西他随时都有。而且，他的技术肯定比你纯熟，会做得比你美味、比你快。既然这样，为什么不把做蛋糕这件事交给别人呢？你可以把省下来的时间用来做别的你擅长的事情，这样效率不是高多了吗？

（3）了解他人的时间管理风格。

我们在工作中少不了要与人合作，了解他人的时间管理风格会让我们与他人的合作更有效率。

首先，你可以通过了解他人的时间管理风格来决定是否与他合作。一个人的时间管理风格一定程度上代表了他的办事风格，如果他是个办事拖拖拉拉的人，或者办事匆匆忙忙、手忙脚乱，你就应该慎重考虑是否要跟他合作了。

其次，你可以通过了解他人的时间管理风格使你们的合作更有默契。通过了解对方的时间管理风格，可以让你知道对方在什么时候有空，在什么时候与对方交涉取得的效果最好。可以根据对方的时间安排适当修改自己的时间计划，以取得最好的合作效果，避免因沟通不畅而造成的时间浪费。

最后，你可以通过了解他人的时间管理风格找到最好的时机去求助别人。如果你有求于人，你一定要选择合适的时机去求助。如果你找了一个对方很忙的时候去，对方肯定没有空理你，不但白跑一趟，还很有可能给别人留下不好的印象。如果找到一个好时机，没准原来不可能的事也变成可能了，一次性成功不是很好吗？

（4）学会外包，借助外部资源帮你成事。

外包是指企业整合利用其外部最优秀的专业化资源，从而达到降低成本、提高效率、充分发挥自身核心竞争力和增强企业对环境的应变能力的一种管理模式。简单一点来说，外包就是把一整块的工作交给专业的公司或组织去做。比如说，请专门的职业培训机构为公司员工进行培训，请专业的广告公司给你做宣传，请专业的IT服务商为你维护网站。因为这些事情如果让你自己去做的话，需要额外地去聘进专业人才以及相关设备，还要花时间去建立组织结构，这样就浪费了很多时间和精力。把这些相对独立的工作外包给相应的专业性机构去做，会更省时省力，且效果更好。

当你面对纷繁无序的请示报告、无法预测的实际困难、突如其来的紧急命令、千变万化的干涉因素、有求的故知旧交、不可言传的各种关系时，很容易造成"工作执行杂乱无章，结果很不满意"的情况。你每天要处理很多事情，要想使工作有条理，你要学会一些处理方法：

（1）要对每天的工作做系统的计划，并对工作的繁简、轻重缓急做个比较。能够合并起来办的事就合并，可开可不开的会就不开，能够当场决策的事情就不带到会议上去讨论。对每件工作都概略地安排一定的时间，并集中精力去处理最难办的事，以求达到最佳时效。

（2）要善于区别关键的和一般的事情，把主要精力用在关键工作上。

（3）使一般工作"案例化"，固定工作"标准化"。泰勒曾提出过一个管理"例外原则"，就是只管规章制度中没有规定的例外事情。凡已有规定的，不要去干涉，依章办事就是。同样的问题出现后，把结果处理原则记下来，再把这样的多次"案例"集中后纳入制度，就能使工作标准化了。

（4）要妥善处理人群关系，不让他人空耗自己的时间。要妥善处理好各种关系，以集中注意力抓大事、揽全局。

（5）找出规律。生活中有很多事情与工作都是经常地、周期性地反复出现的。对这类事物占用的时间要进行科学、系统的分析，每一次循环节省点滴时间，多次循环就会节省大量时间。

7.明确自己的团队角色

哈佛大学的一些教授认为，一个人在这个世界上扮演着两类角色——生活角色和工作角色。

在生活中，你扮演的有"儿子（女儿）""朋友""男（女）朋友"等角色，而每个角色所要做的事情显然是不同的。作为子女，你会考虑怎么做才能让父母生活得更愉快。而对于自己的父母来说，他们可能并不需要你在经济上的支持，更多的是情感上的一种关怀。所以，经常保持联系，关心父母的健康，尽可能多地看看父母就变成了日程里必须要安排的事情。作为朋友，经常联系、经常沟通、相互帮助等是我们需要完成的任务。

生活的角色会经常发生变化，而这种角色的变化对于我们的影响则是对自己性格的塑造和改变。当自己的角色任务和对方的角色任务发生冲突时，我们应该及时地反思自己，从自身找原因，从而找到更好的解决办法，尽量让双方的角色任务都不受大的影响。

和生活角色相比，工作角色要简单一些，因为很多工作是有标准可以参考的。很多时候，我们会有单一的工作角色，从事某个或某类特定的工作。当角色任务明确以后，我们就能知道自己在什么时间、什么地点做什么事情了。

马克在4个月前来到丹佛市一家美国知名的家电公司担任分公司经理，管理着一个州的市场。

在总部培训的时候，马克见到了自己的顶头上司布鲁克斯，并且有过亲密的交流。尽管此前他与布鲁克斯从未谋面，但是通过观察和多方面的了解，马克知道，布鲁克斯是一个工作勤勉、性格温和的人。他在这家公司工作了10年，从最初的销售员一直做到现在这个位置，在公司内部，几乎没有关于布鲁克斯的负面评价，马克觉得自己遇到了一个好上司。

回到丹佛，马克马上召开了一个会议，听取了各地的市场简报，也认真地与大家讨论了近期销售目标的执行情况。他发现情形不太妙，因为公司产品的市场占有率都远远低于几个主要竞争产品。

马克给布鲁克斯做过几次电话汇报，也用电子邮件做了一些说明，他想从上司那里得到明确的授意，好让他明确总部对分公司除了销售指标外的其他中长期要求。而布鲁克斯并没有做出更多指导，相反，他像是没听懂一样，在电话里安慰马克不要着急，多去调查。

顶头上司的态度由暗到明，最近的几个事情更是让马克左右为难，难以接受。布鲁克斯一周前来到丹佛，在和一家地区代理商"闲谈"时，竟然当场答应对方提出的一个进货折扣，让坐在一旁的马克很不自在，好像没把他这个区域经理放在眼里。

布鲁克斯在丹佛期间，马克一路跟随，他觉得布鲁克斯对科罗拉多州分公司的情况非常熟悉。当他明确地向布鲁克斯表示要调整科罗拉多州一些区域经理时，布鲁克斯提出了反对意见。

布鲁克斯认为，换区域经理对公司来说是一场不知结果的决定，最直接有效的方法是"层层工作重心下沉"，他作为销售总监，今后会更多地参与到分公司管理中；而马克作为分公司经理，也要更直接地参与道区域市场的业务中。

当天晚上，马克失眠了。马克无法接受布鲁克斯这样的操作方式，他觉得直接参与到区域市场的业务不该是他这个分公司经理应该做的工作。

在工作中，我们应该明确自己的角色，明白自己的工作内容，找到行之有效的工作方法。有时候，我们在工作的过程中会嘲笑上司的缺点和抱怨他浪费了我们的时间。但你也要看到，自己的工作方式也可能在浪费上司的时间。

有时候，你是否本来不需要上司的帮助也能很好地完成任务，却依然常常让上司介入你的工作？你要知道，你的每一个请求都可能在浪费上司的很多资源，所以，尽量不要为了那些微不足道的事情去求助你的上司。

如果你是一个管理者，千万不要让你的下属把问题推给你。帮助下属是管理者的工作之一，有效率的管理者会给自己的下属提供一些建议，以及他们需要的资源来帮助他们解决工作中遇到的问题。但是必须确保一点，那就是问题必须仍然属于你的下属，而不是属于你。

在工作上，无论你处于一个什么职位，你与上下级之间是互相依赖的。你要做到既不让下属浪费你的时间和资源，也不要浪费上司的时间。相互的依赖使得你们有必要建立良好的关系，有效率地工作。记住你的上下级是如何浪费你的时间的，然后找到行之有效的方法改变这种情况。

在一个工作团队中，每个成员在做事时都应该具有责任意识，对自己的工作负责，以实现共同目标。

（1）找到自己的位置。

在一个公司或者一个工作团队，每个人都有自己的位置，都有自己需要负责的工作，但是不管负责哪一部分工作，你都要始终在自己的位置上，而不要随便跨入他人负责的领地，否则，原有的已定工作秩序就会被打乱。

（2）注意杜绝个人英雄主义。

工作中，那些讲究个人英雄主义的员工只会让自己的职场之路越

173

走越窄，对其自身的职场发展没有好处。即使你是一个很有能力的员工，你也不能因此有一种优越感，而是应注意保持集体利益，唯有如此，才能让你自身的利益得以实现。

(3) 与他人合作。

工作中，想要实现自身的价值，仅仅凭借自己的努力是不够的，更需要的是与他人的合作，甚至是他人的帮助。在公司这个大家庭里，需要员工对自己的责任有准确的定位，认清自己的责任，扮演好自己的角色。

团队中，只有对自己的角色有清醒认识的员工才能得到上司的好感，才会在实现集体利益的过程中实现自身的利益。即使员工自身的能力不是很好，也会因为自身的集体意识而帮助自己获得赢在职场的可能。

测试：你在团队管理中承受了太大压力吗

请根据你的第一反应与实际情况，按照以下标准进行打分，并记住相应的得分。

从未出现过1分

很少出现2分

偶尔出现3分

时常出现4分

频繁出现5分

(1) 你认为团队成员在与你的交流时，总是不愿意敞开心怀，有时，你甚至可以从他们身上感觉到明显的敌意；

(2) 同事们对你缺乏理解与认同，总是会背着你议论你的缺点；

(3) 每次节假日后的第一天上班，你都会感到紧张不安；

（4）你对目前自己所从事的工作与所带领的团队毫无热情，你总是被动地处理工作中遇到的各种事情；

（5）在与下属进行工作沟通时，你明显感觉自己处于被动状态，而且总是对他们的表现不满；

（6）下属无意间的冒犯也可能会惹怒你，令你长时间耿耿于怀；

（7）你认为，现如今的团队素质使你的才能得不到充分的发挥，工作环境的不友好让你不得不时时警惕；

（8）你认为自己没有足够的时间去保障一项重要工作任务的完成，某项工作任务质量不高的原因就是因为你的能力不足；

（9）你认为自己曾失去过更好的工作机会，而且日后可能再也遇不到类似的机会了；

（10）你认为团队成员对你的协助与支持是理所当然的，而且你不会对此表示感谢；

（11）你认为自己目前的薪酬低于自己的工作应得，而且如今的情况比你的上一个工作岗位更糟糕；

（12）在会议上，如果大家谈起你或者轮到你发言，你会不由自主地去找个类似于洗手间的地方进行冷静；

（13）你认为自己有新知识、新技术需要学习，但就是无法集中精力；

（14）每天，你都有一个固定的时间段会感觉到疲惫；

（15）你认为自己没有能力在一堆事情中分清它们的轻重缓急；

（16）你认为自己的每一项工作成果都有缺陷，而自己本来可以让它更完美；

（17）你不知道应该如何将工作委派给下属；

（18）下属们对你的委派总是非常不耐烦。

请将自己的18个得分相加，看看你的分值是多少。

测试结果：

18~22分：你与团队成员协作顺利，对本职工作驾驭自如，如今的你正处于职业生涯的最佳状态。

23~29分：你的特长与能力适应你现在的职业，但你应对意外事故的能力有些不足。

30~49分：如今的你已经有一定的压力了，如果不进行改善，你的心智与工作业绩都会受到影响。你需要在工作计划、时间管理与委派技巧方面进行自我调节，并针对自己得分较高的问题进行反省与相应的改进。

50~74分：你承受了较大的职业压力，并因此而令自己的工作、生活受到了极大的影响。你必须马上采取相应的措施，如调节日常生活节奏、合理安排饮食、加强身体锻炼、尝试休假等。

75~90分：你的职业压力惊人！你所带领的团队一团糟，所有的工作都无法顺利进行，你的身心正在遭受着摧残，已经到了必须要接受心理治疗的程度了！

第八章

高效能人士的7个习惯

1.把表调快10分钟

许多人总是习惯于把事情拖到"最后一分钟",认为这样可以逼自己集中精力,从而最大限度地提高自己的工作效率。殊不知,这种做法常会给我们带来麻烦与损失。

我们总会出现这样的情况:因贪恋几分钟的睡觉时间而吃不上早餐,胡乱洗了把脸就冲出门去,在往公司或约会地点赶的时候,一个劲地大骂交通差劲,等到一边拢着头发一边跑到公司或约会地点的时候,却早已过了上班或约会的时间。

有时,原本预定下午2点30分出去拜访客户,就在2点25分准备出门的时候,才发现要给客户看的资料还没有准备好,就在匆匆忙忙准备好所有的数据要出门时，腕上的手表已经指向3点整了。其实，人们在做一个行动之前，都需要一段时间来做准备。但是，问题就出在许多人经常把开始准备的时间当成行动开始的时间，结果总是到了要行动的时候才匆匆忙忙地开始准备，从而延误了正确的行动时间。

很多人因为拖拉的毛病而吃了不少苦头，把本来可以成交的生意给搞砸了，破坏了原本很好的人际关系，给上司留下了不好的印象。每次遇到这种事情，无论是家里的钟还是手腕上的表，不妨把它调快10分钟。

李嘉诚14岁就因家境贫寒而辍学，但他牢记父亲的教导，做人要有骨气，求人不如求己，他谢绝了舅父继续供他上学的好意，自谋职业当起了茶童。他每天工作15个小时，总把时间调得比别人快10分钟，定好闹钟，最早一个赶到茶楼。后来，李嘉诚为了不耽误开会，不失约于人，雷打不动地将自己的手表调快了10分钟，以保证准时出席或赴约。

李嘉诚曾在17小时内谈妥一笔2.9亿港元的交易，随即致电汇丰银行，两分钟内就安排了一笔1.9亿港元的货款。他处世果断、老练，决不拖泥带水。他经常对下属说："早上的事情，下午必须有决定或答复；假如17小时内发生的事非常繁复，则一定要在24小时内答复。"这就是华人首富李嘉诚对时间的态度。

把表调快10分钟这个习惯，李嘉诚一直保持了大半个世纪。

许多人日复一日花费大量的时间去做一些与他们梦想不相干的事情。不要成为他们其中的一分子，让你生命中的每个日子都值得"计算"，而不要只是"计算"着过日子。一个人真正拥有，而且极度需要的只有时间！时间如此重要，但仍有很多人随意浪费掉他们宝贵的时间。

2.只专注于有效的工作

哈佛时间管理学认为，一个总是忙于要事的人在做事的过程中会首先确认它是否是最有效的，然后才会倾其所能，努力地去完成。只要专注于某一项事业，就一定会做出使自己感到吃惊的成绩来。

布莱曼大学毕业后，进入了一家著名的跨国公司，由于她精明能干，进入这家公司不久，便很快由普通员工升职为经理助理。于是，她更加努力，每天都把工作做得井井有条，为经理省了不少时间。同事们对她的印象也极佳，都乐于与她交往。

在这家公司，布莱曼工作起来得心应手，心情也很舒畅。与她同时毕业的同学当中，她是做得最出色的。所以，经常有一些同学打电话来询问她一些关于工作上的事情。

每当接到电话的时候，热情的布莱曼就会积极地帮助她们出谋划策，解决工作中遇到的问题。但这样一来，她就无法专注于自己的本职工作了。经理也时常因此批评过她，说她这么做虽然帮助了她的同学、朋友，甚至一定程度上对提高公司其他人员的工作能力也起到了非常好的作用，可这些事情对她来说都是无效的，这些无效的事情早晚会影响到公司和她的发展。

但布莱曼觉得不这么做好像有些对不起自己的同学、朋友，所以她依然我行我素，每天忙忙碌碌，热心地做着原本不该她做的分外事。

有一次，公司的老总打电话过来，结果电话一直占线，而这一次老总的电话是通知布莱曼的经理有一个重要的会议要他参加，共同商讨一个重要的合同。结果，老总等了半个多小时才把电话打进来。后来发现，占线的原因是布莱曼正在电话里热心地帮助别人，做一些无效的事情。

此后不久，公司老总发给布莱曼一份传真：她很出色，也很努力，但她没有清醒地意识到哪些工作是她的分内事，哪些是无效的工作。他希望他的员工能专注于有效工作上，于是，布莱曼被解雇了。

后来，这家公司在招聘时，面试题中就多了一项——你认为什么样的工作才是有效的？

每个人都应该合理地安排自己的时间，把最大的精力投入到最重要、最有效的工作中去，对于一个渴望在工作中有卓越表现的人来说更是如此。把自己最大的精力投入到最有效的工作中，专注于有效的工作，首先要找出自己集中精力做事的最高时限。

哈佛大学的一位教授认为，一个人能够集中精力的最大时限平均是90分钟。以早餐会、讨论会、写作、演讲等为例，这位教授认为个人全力以赴的时限大约在一两个小时之间。如果一个人对一份工作比较感兴趣，那么，他可能会维持两三个小时的高效率工作。此外，一个人能不能集中精力进行有效的工作，也与所处的工作环境有关。

这也就是说，一个人能否专注于有效的工作，除了他本身的能力外，也受到工作内容、工作环境的影响。如果一个人能知道自己集中精力做事的最高时限，一定会提高自己的工作效率。因为清楚自己的最高时限，就不会毫无意义地把工作延长到三四个小时。

专注于有效的工作，需要你避免分心。要避免分心，就要尽量把那些会妨碍你的事物阻挡在门外。如果你有单独的办公室，你可以把门关上，让办公桌远离走廊，用电话录音过滤电话，或者在门口挂一块"请勿打扰"的牌子。如果你和同事共用一个办公室，可以跟同事约定工作时间尽量减少讨论，保持办公环境的安静。对于同事的请求，如果与自己的工作相冲突，就婉言拒绝；如果与自己的工作没有直接冲突，不会对自己的工作产生负面的影响，也可以答应他们。

如果别人的打扰真正影响了你，让你没办法专注于有效的工作，你可以抽出一些时间，跟找你的人见见面或者电话沟通一下，当然，这要安排在非工作时间。

你要按照自己的时间表工作，而不是顺应别人的时间表做事。你越能控制好自己的时间，就越能专注于有效的工作，进而主导自己的一生。

3.有技巧地拒绝

哈佛时间管理学认为，生活中的大多数人由于爱面子而不好意思拒绝别人的一些要求，结果无端地浪费了很多时间，耽误了很多事情，失去了不少本来可以抓住的机会。

对于很多人来说，拒绝别人是一件不容易的事情。如果拒绝别人时没有采取正确的方法，很可能会失去友情，被人误解。然而，有时候你不得不拒绝别人，所以，学会拒绝的技巧很重要。

一个人的精力是有限的，我们一次只能做好一件事情。无论我们做什么事情，都要先搞清楚自己最重要的事情是什么，然后排除一些干扰因素，集中精力把这些事情做好。

汤姆是一家总部位于休斯敦市的保险公司的业务员。有一天，他和客户约定在一家咖啡馆里谈业务。他用尽了各种技巧给这位客户介绍保险的内容以及益处，但这位客户好像对此并不感兴趣，只是心不在焉地在那里喝着咖啡。

汤姆知道这个客户是从事电脑硬件销售的，而汤姆在哈佛大学学的就是计算机专业，于是他转变话题，和这个客户谈论起了当今电脑硬件在市场上遇到的普遍问题。结果，他很轻易地就把那个人的兴趣提了上来。他们越谈越开心，最后两人商定下周的同一时间还在这里见面，正式签订协议。

汤姆非常开心，觉得自己棒极了，终于拿下了一个保险订单。到了那天，他早早地准备好一切需要的材料。然而此时，他的手机响了，是他的主管。主管对汤姆说，他有个大学同学要过来，由于自己没有时间去机场接那个同学，所以拜托汤姆去机场替他接一下。

汤姆觉得这是主管交代的事情，自己应该帮一下忙，况且时间还早，所以想都没想就答应了主管。

由于堵车，等他从机场回来，这个客户早就离开了咖啡馆，他因此失去了一单辛辛苦苦才谈下来的保单。

有技巧地拒绝是一门非常重要、非常有用的沟通艺术。在你决定是否要答应别人的请求之前，首先要问问自己"我想做什么""我不想做什么"或者"怎么做才是对自己最好的"。在做出决定的时候，我们必须考虑，如果答应了对方的要求，是否会影响现在的工作进度？是否会由于自己的拖延而影响其他人？如果答应了，是否真的可以达到对方要求的目标？

当你确信自己需要拒绝别人的时候，你就要运用一定的方法和技巧。掌握了方法和技巧，才可以避免得罪别人，同时又可以做自己喜欢的事情。

拒绝别人的时候，可以参考以下方法：

（1）移花接木法。

对方提出一件事情时，换用另外一件事情去应付，从而巧妙地拒绝对方。

美国波士顿一位著名的推销商，曾经挨家挨户地推销其公司生产的闹钟。他叩开了一位主人家的门，说："亲爱的先生，您应该拥有一个闹钟，这样，您每天早晨就可以按时起床了。"主人回答说："我不需要买闹钟，因为有我妻子在身边就足够了，你可能还不知道，她能到时就'闹'。"这位主人的拒绝既幽默风趣，又非常委婉，令推销商再也不忍心开口。

（2）自言自语法。

日本教授多湖辉有一条拒绝他人要求的经验：人们碍于面子，推拒话不好正面说出口，如果装作自言自语说出心中所思所想，对方便会知趣而退。

（3）先承后转法。

开门见山、直截了当式的拒绝，犹如当头一盆冷水，使人难堪，伤人面子。先承后转法是一种避免正面表述，采用间接地主动出击的技巧，即首先进行诱导，引人入彀，当对方进入角色时，话锋一转，制造出"意外"的效果，让对方自动放弃过分的要求。

（4）略地攻心法。

了解对方的特性和目的，试探对方的心理，然后发动心理攻势，让对方高兴，或反激对方自负等方法，使对方自我否定，放弃不合理的请求，拒人于无形之中。

如果你的朋友请你接手一个计划，但你已经负荷过多，或者你对他的计划不感兴趣，那就不应该勉强答应，而应诚恳地、委婉地拒绝他。

下面是有关拒绝的原则：

（1）要耐心地倾听请托人所提出的要求。

（2）如果你无法马上决定是否接受他的请求，要明白地告诉他你需要时间考虑，并且告诉他什么时候可以答复他。

（3）拒绝的时候应该充分显示你对请托人的请求给予了慎重的考虑，并且显示你已经充分地了解了请托人的重要性。

（4）拒绝对方时，你的态度应该真诚而坚定，且要和颜悦色地拒绝对方。

（5）拒绝对方时，你最好能说出拒绝的理由。

（6）要让对方明白，你拒绝的是他委托你做的事情，而不是拒绝他本人。

（7）不要通过第三个人拒绝对方，这会让对方觉得你有些懦弱，不够真诚。

学会拒绝还有一个原则，那就是慎许承诺，否则，你会被很多额外的事情占去自己的时间，这有可能导致一个对方和自己都不满意的结局。

4.认识自己的最佳做事时间

在这里，最佳时间指的是一个人最佳工作的时间。通过长期的工作，你能够发现什么时候是你的最佳工作时间。对于你来说，它可能是早晨很早的时候，也可能是下午或晚上很晚的时候。

例如，温斯顿·丘吉尔过去常常在深夜和早晨的时候工作。在早晨的大部分时间里，他都待在床上阅读报纸、口授信件。

有些人的最佳时间是中午或下午晚些时候，另一些人则正好相反，主要的区别在于他们是外向人还是内向人。外向的人属于第一种人，内向的人属于第二种人。

对于大多数的人来说，任何需要单独、集中和创造性思维的任务最好都放在上午10点之前做。如果你在最佳工作时间规划重要项目，就能以更少的努力得到更多的成就。当然，你也可能是那些晚上或者下午做创造性工作的少数人中的一个，如果是这样，你便应培养一种利用自己的黄金时间来进行创造性思考或做战略性工作的方法。

戴安娜在一家化妆品公司做销售经理，她是"5点钟俱乐部"的人。什么是"5点钟俱乐部"？当谈及销售部的女性员工如何把她们的工作完成的一个题外话时，她提到了这个俱乐部。

戴安娜所在公司中的很多销售人员都是有孩子的妇女，她们每天常规的家务包括煮早餐、准备午餐及带孩子上学。虽然每天都要面对这些家务事，可她们依然保持着很出色的销售业绩，她们是如何做到的呢？戴安娜说："'5点钟俱乐部'不是我们平常认为的那样，有一个场所，然后大家聚在一起，参加某种活动。其实，世界上并不存在这样一个俱乐部。只要你能每天早晨5点钟起床，投入到学习、工作中去，你就已经成为该俱乐部的一员了。"

要在5点钟起床确实需要相当的毅力，但也有很多好处：早晨比较安静，气氛安详，让你觉得有种幸福的感觉，你会以比较轻松的心情投入到工作中。

戴安娜建议她的业务员利用这段没有干扰的时间查看库存量、下订单、写感谢函、计划一整天的工作等。

为什么很多人会认为早晨是最佳时间呢？这考虑到了精神疲劳和身体疲劳的关系。一个完成了一天艰苦工作的管理者，精神疲惫地回到家后，他的眼睛和面部肌肉都已感到了疲惫。他会容易情绪波动，很难做出什么决定。他想放松，然而工作的惯性让他无法从工作的状态中摆脱出来。对于这种状况，他能做的对自我最有益的办法就是找到放松的方式，努力放松自己，让自己休息。

睡眠是最好的放松方式。在人类的生活中，晚上睡觉和中午午睡是一个很好的习惯，也是一种极佳的自然规律。在早餐之前或者之后，当你的精力水平在上升时，进行最重要的工作是一个比较好的做法。你还可以把兴趣比较浓厚的工作——某些会议或者社会活动安排在你的黄金时间之外，以此来给自己一些额外的刺激。

你要记住，在你疲劳比较严重之前治疗它，可以节约更多的时间。疲劳越少，你恢复到比较理想的工作状态所需要的时间也就越少，工作间歇就能起到一个很好的作用。午餐后有一个小时的休息显然是很重要的，因为它给了你进行户外活动的机会。短暂的最佳休息时间正好在上午和下午工作的高峰期之后，即上午11点之后和下午4点之后。工作间歇的价值取决于它的长度和所花费的方式。如果休息时间过长，将浪费时间，或者丧失精神动力；如果休息时间过短，疲劳会在没有清除的情况下干扰你。

那么，如何在工作的过程中进行有效的休息呢？

（1）检查一下自己的工作是否适合自己。这主要从两个方面来看待：一是工作内容本身，你是否对这方面的技能掌握得很好；二是这份工作与你的个性特征是否很适合，干一份自己不喜欢的工作必定会觉得累。

（2）检查一下自己的工作方法是否得当。在工作的过程中，你要多向那些懂得休息的人学习，这些人往往是公司最优秀的人，多向他们请教，学会如何去合理地休息和工作。

（3）看一下这份工作是否有利于自己长远的发展。如果工作本身并不适合自己，就算再拼命，换来的也只有失望。好好分析一下，考虑一下自己的身体和健康状况。

众所周知，每个人都有自己的生活规律与生物钟。有的人早上精力充沛，有的人则晚上头脑清醒，而有的人整天忙忙碌碌，充满活力，似乎从不知疲倦。但是，人总会有疲劳的时候，一旦感到疲劳，身体就会失衡，百病来自失衡，平衡可治百病。要想战胜疲劳，就需要找到战胜疲劳的方法。

（1）始终保持有规律的生活节奏。良好的睡眠会使人精力旺盛，晚上11点前睡觉，对次日的体力、脑力有着不可替代的恢复作用。当然，克服疲劳的最有效方法就是按照自己的生物钟合理地安排生活、工作。

（2）坚持科学的运动量，增强体能，减缓脏器衰老的时间。

（3）谨慎地对待、合理地安排饮食活动。

（4）及时地调节情绪。人的疲劳不仅仅是因为体力不济，精神上的失望、焦虑、恐惧、愤怒等也会使人感到疲倦，造成精力上的衰竭。所以，不断地控制、调整情绪，并有意识地排解自己的苦闷，有益于身心健康，可以帮助我们战胜疲劳。

5.每天多做一点点

全心全意、尽职尽责可以带来成功，但我们多做一些自己分外的工作，比别人期待的更多一点，这样才可以吸引更多的注意力，给自我的提升创造更多的机会。

有一个推销保险的推销员，连续好几年都是公司排名第一的推销高手。他每天下班回家，都会看到他的书桌前面贴的一句话："今天你还需要再找到一个潜在的客户才能回家睡觉。"这时，他就会再跑出去继续找他新的潜在客户。

你没有义务去做你职责之外的事，但你可以自愿地选择去做，或者想办法让自己养成多做一点点的习惯，以鞭策自己快速前进。率先主动是一种极珍贵、备受重视的素养，能使人变得更加敏捷、积极。无论你是管理者还是普通职员，"每天多做一点"的工作态度都能使你从竞争中脱颖而出，你的老板、委托人和顾客会关注你、信赖你，从而给你更多的机会。

卡洛最初为杜兰特工作时，职位很低，薪水也不高，经过他的努力奋斗，他成为了杜兰特先生的左膀右臂，并且得到了杜兰特的重用，担任其下属一家公司的总裁。有很多人问卡洛为什么能那么快得到成功，他说了这样一段话："我成功的秘密就在于每天多干一点。在为杜兰特先生工作之初，我就注意到，每天下班后，所有的人都回家了，杜兰特先生仍然会留在办公室里继续工作到很晚。因此，我决定下班后也留在办公室里。然而，在杜兰特先生工作的时候，他总会让我给他找文件、打印材料。一开始，这些工作都是他自己亲自做的，由于我的出现，这些事很快都成了我的事，杜兰特先生也逐渐养成了招呼我的习惯。对于我来说，这些事的确没有人要求我做，但我认为我应该为了自己的快乐和幸福去做，在杜兰特先生需要我的时候给一些帮助。"

命运不会亏待一个矢志不渝者。成功最欣赏那些默默无闻的耕耘者。假如人与自然界一样有春华秋实，那么能每天努力一点点的人，一定能品尝到金秋的琼浆玉液，享受大地赐予的丰收喜悦。

6.掌握ABC分析法

懂得节省时间才能算得上是高效使用时间。人们在研究如何让工作高效的时候，总结出了ABC分析法。

在意大利，一名学者联合3家学校组织了一次试验，这个试验的目的是为了考查少年对时间观念和事情轻重的分辨能力。试验的器材很少，只有水壶、墩布和各种吃饭用具。这名学者把它们的摆放顺序依次打乱，然后把试验者按照学校分为3组，并告诉他们试验的做法：只要把各种吃饭的用具收拾干净，把水壶里的水烧开，把地用墩布拖干净，然后再去写单词。

第一组试验者，首先做的是收拾吃饭用具，其次是拖地，然后是烧水，最后才是写单词，一共用时20分钟。

第二组试验者，首先是写单词，其次是收拾餐具，然后是拖地，最后才是烧水，一共用时也是20多分钟。

到了第三组试验者，首先是烧水，在烧水的过程中，他先收拾餐具，其次写单词，然后是拖地，而做完这一切后，水也刚好烧开。他们的用时一共是10分钟左右，比前两组试验者足足快上了一倍。

策划这个试验的学者叫弗雷多·帕雷托，是19世纪意大利著名的经济学家。也正是因为这个试验，他首先在经济和管理领域引进了ABC分析法。

ABC分析法，又叫作ABC管理法，它是运用数理统计的方法，对种类繁多的诸多事务的因素根据其特征以及对当事人的重要程度来进行分类排队，以抓住主要矛盾，分清重点与一般，有区别地实施管理的一种定量科学分类管理技术。其目的是把主要精力集中于重点问题的管理，并兼顾其他问题。

在确立工作次序的时候（假设都以ABC为主要标记符号），首先应该列出清单，其次是在那些你认为最重要的条目上标明A，在那些一般重要的条目上标明B，在那些最不重要的条目上标明C。其实，在这个标记的过程中，根据的完全是你个人对这件事情的重要价值和时间安排上的一种估量，因为你并不确定现在这种排列方式是否适合你这一天的时间。当然，不同的人对时间的安排有不同的理解，而且，一天当中总会有几件突发事情。

通过ABC这种排序方式，你可以轻松地将清单上的所有条目次序完全标记出来。

A级标记用于那些最为重要的活动，你应该把大部分时间花在A级活动上，然后才是B级和C级。在这中间，你还要考虑到你每天的时间只有24小时，而且不同条目的紧迫性和重要性也不相同，所以，你需要再对A级、B级、C级三类级别做进一步细分，比如，你可以把A级活动分解为A1、A2、A3、A4……

但是，这里所说的ABC三种级别的事情只是和你的时间相对，它们需要被完成的先后顺序完全取决于这件事情对你所要获得的价值的标准。

你可能会因为某件工作所带来的结果而把这件工作列为A级活动，但如果在完成工作的过程中，你发现自己并不喜欢这件工作（A级），你很可能就会将其改为B级或C级。

既然这样，你一定会对自己产生怀疑，因为你把一件不喜欢的事情列为A级活动，而把喜欢的事情列为B级或C级活动。但是，即便不喜欢被列为A级的活动，你还是要强迫自己把它做完，因为这种A级活动是根据你所有事情中产生价值最高的事情而做出的排列。

例如，一位经理把每天要做的事情按照ABC的方法排列，A级活动是填写一份英文报告，B级活动是和同事或者下属一起谈谈工作，C级活动是回家和孩子共度周末。在填写英语报告的时候，他发现，在这过程中，他一直在思考着和同事或者下属聊天的内容，以及该给孩子买什么礼物，因而渐渐对这项A级活动失去了兴趣，但他知道这项A级活动对他们公司的影响很大，于是强迫着自己把思路转移到A级活动上，直到英文报告填写完。

当然，你还可以根据清单上的内容来调整你的次序安排。A级活动通常是那些明显比B级和C级活动重要的活动。就如同在油画作品中那些引人注目的东西，例如明快的色彩和前景细节，往往能够在背景的衬托下立即抓住观众的注意力。

优先次序还会跟着时间的推移而变化，比如今天的A级活动可能会变成明天的C级活动，而今天的C级活动可能到了明天就成了A级活动。你需要不断调整自己的次序安排，以便最有效地利用当前的时间。

例如，一位公关部门的经理，今天原本要把一件用在晚会上的晚礼服送去洗衣店，但上司告诉她必须出席一场重要的会议，不然公司会蒙受巨大的损失。这里可以看出，上司指派的会议是这位公关部门经理必须面对的一项A级活动，而把晚礼服放去洗衣店就成了C级活动。但到了第二天，这位公关部门的经理又接到了上司的电话，让她跟着他出席晚上的一场聚会，而恰恰由于昨天那场会议，这位公关部门经理没有把晚礼服放到洗衣店清洗，如此一来，原本在昨天是C级活动的事情在今天一下又变成了A级活动，这位公关部门的经理必须把晚礼服在中午以前放到洗衣店。

如果想防止上例中C级活动变A级活动的事情发生，就要根据你决定在某件事情上投入的时间不同来猜测可能发生的概率。但有的时候，你却把C级活动主观地变成了A级。例如，你或许会花几个小时来完成一次会议上要说明的问题材料（因为这次会议，你的上司也会来听）；或许你会花几个小时打扮着装去参加一场有高级人物的晚会；或许你会花几个小时来完成一项在你看来并不重要、但对上司很重要的事情；或许你每周只有一个小时的时间来陪家人等。

例如一名公司小职员，在经过调查后发现，他的大部分时间，包括星期六和星期日，都几乎陪在上司跟前忙这忙那（根本是一些无关紧要的事情），只有极少的时间去照看父母、关心孩子和妻子、与朋友聚会，以及去做一些自己想做的事情。其实他并不想这样，可是只有这样，他才有机会和上司接触，得到升迁的机会。

很多公司职员都像上面这个人一样，把大部分时间花在了和工作性质没有直接关系的事情上，而忽略了其他重要的事情。

7.秩序是效率的第一法则

在华盛顿的国会图书馆的天花板上，写着著名诗人波鲁的一句话："秩序是效率的第一条法则。"

在日常的生活和工作中，我们会养成各种各样的习惯。有些习惯可能不好，但不会造成什么严重的后果；而有些则是我们为获取幸福与成功的最大阻碍。我们应该坚决改正它，将它摒弃，否则，这些恶习将会对我们的生活产生恶劣的影响。

我们要培养各种良好的习惯，这会让我们终生受益。

首先，要保持桌面的干净，拿走不用的纸张，只留下与正要处理的问题有关的东西。这个习惯会让你更容易、更快捷地处理工作，同时，它能使你工作起来更有头绪。

新泽西州的一位报纸发行人说，有一天秘书帮他清理了一下办公桌，结果发现了一台找了好久都没有找着的订书器。如果办公桌上堆满了东西，很容易让人产生混乱和无所适从的感觉。更糟糕的是，这会让你觉得自己还有很多事情要做，而且永远也做不完。长时间受这种情绪影响，会使你忧虑得患胃溃疡、高血压、心脏病等疾病。

芝加哥西北铁路公司的董事长罗德·威姆斯认为，提高效率的第一步就是把桌子上堆积如山的文件仔细清理一下，留下亟待处理的一件事情。这样工作起来更容易，也更方便。

宾夕法尼亚州立大学医学院的药剂研究室主任约翰·斯托顿教授发表过一篇论文——《机能性神经衰弱引起的心理并发症》。在这篇论文中，他列举了11条容易诱发心理疾病的情形，其中第一项就是："一种被强迫的感觉，没完没了的待办事项。"把桌面清理干净这么简单的事情，真的能避免这种现象的发生吗？著名的精神病治疗专家威蒙·德萨尔曾经做过这方面的临床实践，并取得了满意的效果。

芝加哥一家公司的高级主管山姆·德萨尔每天埋头在办公室里，处理着好像没完没了的工作。他第一次到德萨尔诊所的时候，已处在精神崩溃的边缘，他的脸上写满了焦虑、紧张。他告诉医生，在他的办公室里有3张大写字台，上面堆满了东西，他每天都把全部的精力投入到工作中，可工作似乎永远都干不完。在与德萨尔仔细地交谈以后，他回到办公室的第一件事就是清理办公桌，最后只留一张写字台，当天的事当天必须处理完毕。从此，他再也感觉不到没完没了的工作压力了，工作的效率也提高了，身体也逐渐恢复了健康。

其次，根据事情的轻重缓急来安排工作顺序。

亨利·杜拉提是全美最大的市政公司的创始人，其分公司遍及美国各地。他说，不管他出多么高的工资，也找不到一个具有两种能力的人，这两种能力是：能思考和能分清事情的轻重缓急。

默默无闻的查理·卢西曼经过12年的努力，成了家喻户晓的派登公司的总经理，年收入过百万。在分析自己成功的原因时，他认为自己具备了杜拉提所说的那两种能力。卢西曼从他的记忆所能想起的时候起，就每天清晨5点钟起床，此时是每天头脑最清楚的时候，这个时候，他开始计划当天要做的事，并把当天的工作都按重要程度安排好。

美国最成功的保险代理人加理森·贝特，每天还不到5点钟，就已经把工作安排好了。他每天都给自己定下要卖的保险的数额，如果今天完不成，差额就累加到第二天，依次类推。

长期的工作经验告诉我们，没有人能始终按照事情的轻重程度去办事。但经验表明，按部就班地做事总比想到什么就做什么要好得多。

在每天的工作中，有些人做起事来有条不紊，工作效率很高；而有些人却忙得晕头转向，工作效率很低。究其原因，并不是他的工作量比别人大，而是他不知道自己到底有多少工作，该先做什么。因此，要提高效率，就要先安排好工作的秩序。

自我测试：你的时间管理足够优秀吗

(1) 你做事时经常会被别人（别的事）干扰或打断吗？

　　A.对，常常有人过来找我帮忙

　　B.只有他们实在没有办法的时候才来找我

　　C.不，我曾明令禁止过

(2) 你经常会做一些临时应急的事吗？

　　A.对，这些事只有我能做

　　B.这样的情况并不多

　　C.不，我每次都坚持先做完手头的工作

(3) 同样的工作你完成得比别人慢吗？

　　A.是的，我总是做得比别人慢

　　B.只有我不熟悉的工作才会这样

　　C.不，我每次都比别人快一拍

(4) 你是否会将困难、烦人的工作拖到最后完成？

　　A.不，我喜欢先解决困难的工作

　　B.这样的情况不是很多

　　C.当然，这样我才有足够的时间处理别的事情

(5) 你做事的过程中，经常会冒出一些意外吗？

　　A.是的，好像总有想不到的事情发生

　　B.这样的情况不多

C.不，我事前都会想到这些事

(6) 你邀请别人帮你完成事情的某一个环节吗？

    A.不，我觉得自己做比较放心

    B.这样的情况很少

    C.当然，有些事不必我亲自来做

(7) 你是不是常常因为找不到某个文件而急得满头大汗？

    A.对，每次都这样

    B.这样的情况不是很多

    C.不，我所有的文件都有分类

(8) 你喜欢同时做几件事吗？

    A.只有在事情特别紧急的时候才会这么做

    B.不，那样常常弄得我手忙脚乱

    C.当然，这样最节省时间

(9) 你有没有珍视零碎时间的意识？

    A.没有，我根本没有意识到

    B.有时候会有意识

    C.当然，零碎时间积攒起来能做很多事

(10) 你接到一个新的工作任务，一般怎么安排？

    A.马上动手做

    B.先放一放，忙完手头的工作再说

    C.先想想怎么做最有效率，然后才动手

(11) 你把工作中的压力、火气带给家人了吗？

    A.不，我不能让家人帮我承担压力

    B.这样的情况很少

    C.对，我控制不住自己的情绪

(12) 你喜欢看电视吗？

    A.当然，没有电视我都不知道该怎么过

    B.有感兴趣的节目会看一看

    C.不，看电视太浪费时间

(13) 别人休假的时候你也在工作吗？

    A.不，我喜欢度假

    B.这样的情况很少

    C.对，我每年的假期寥寥可数

(14) 你每天花在等待上的时间有多长？

    A.挺长的，我总是在等待

    B.一般吧，需要我等的情况不是很多

    C.不，我从不花时间等待

(15) 你经常把工作带回家做吗？

    A.是的，不然工作做不完

    B.这样的情况很少

    C.不，我从来不这样做

(16) 下班时间已到，你还剩一大堆当日工作吗？

    A.是的，工作好像永远都做不完

    B.任务繁重的时候才这样

    C.不，我总能很好地分配工作

(17) 你有上网冲浪或聊天的习惯吗？

    A.当然，这是我的嗜好

    B.周末的时候会这么做

    C.没有，我觉得这都是小孩的爱好

(18) 你在休闲时，心里也惦记着未完成的工作吗？

    A.不，我把工作和生活分得很清楚

B.有时候是这样

C.是的，我总希望把工作做到完美

(19) 你喜不喜欢跟人聚在一起闲聊？

A.当然，我觉得这样非常快乐

B.这样的情况不是很多

C.不，我不喜欢这么做

(20) 你认为未按时完成工作是有合理理由的吗？

A.当然，每次都不是我的错

B.有时候是这样

C.不，我从不为自己找借口

评分方式：选A，0分；选B，2分；选C，4分。

答案分析：

如果你的得分在28分以下：

你几乎没什么时间概念，大部分日子过得随心所欲。你的进取心不强，跟社会上大多数人一样，你希望能过平稳而安逸的日子。你不会想花费心力去做一番大事业，平静而舒适的生活正是你所追求的。你不能理解为什么那么多人总是忙忙碌碌，在你看来，过日子知足最重要。时间对你来说并不特别，因为你没想过向它要效益或财富。这样的观念固然很好，不过在节奏越来越快的今天，如果你还抱有如此想法，恐怕就会与社会脱节了。

如果你的得分在28~52分：

你对于时间有一定的管理，但还不够。你能够较好地处理生活中突然出现的一些棘手的事情，但和身边的精英相比，你欠缺的东西还有很多。你希望更好地利用时间，从中挖掘更多的财富和效益，但你不知道该怎么入手。多学习一下身边杰出人物的做法，再寻找相关书籍的指导，身体力行地去做，相信不久以后，你取得的成绩连自己都不敢相信。

如果你的得分在52分以上：

你对时间的认识非常透彻。同样的时间，你总能做出比别人更大的成绩。在快节奏的社会里，你当然是领军式的人物。但正是因为对于工作的热忱和对于时间的高效管理，你的生活较之普通人物会缺少一份温情与惬意。优秀的你也应该分出一部分时间给家人和朋友，再留一份时间让自己好好地休息。

第九章

孵化时间，
来一场有价值的坚持和等待

1.急于求成，只会适得其反

渴望成功的心态谁都有，但你要明白，成就一番事业并不容易，做事若急于求成，就会像饥饿的人乍看到食物，狼吞虎咽地吞食，反而会引起消化不良。

虚尘禅师以佛法度众，为人谦厚，深得民众拥戴，他每每开坛讲法，都听者众多。

有一天，一位小商人向虚尘禅师抱怨："我听了你的弘法后，诚信经营，薄利多销，顾客在逐渐增多，但为什么我的收入还是不能增加呢?"

禅师不急不躁，微笑着对这位商人说："有一棵苹果树，它接受了阳光、雨露、养料，春天花开，夏天结果，秋天成熟。成熟的时候，并非所有的苹果都会同时成熟。有些苹果早已熟透了，而有的苹果依旧青青待熟，并非它不会成熟，只是时间还没有到而已。"

商人醒悟过来，他明白要想有大成就要慢慢积累。向禅师道歉后，他离开了寺院。

一年后，虚尘禅师收到了这位商人送来的一个大红包。他在信中说自己的生意红红火火，以致没有时间亲自到寺院致谢，只好托人送礼以表谢意。

太想赢的人，最后往往都很难赢；相反，以淡定的心态对之、处之、行之，以坚持恒久的姿态努力攀登进取，成功的概率却会大大增加。

过于注意就是盲，欲速则往往不达，凡事不可急于求成。

在山中的庙里，有一个小和尚被派去买菜油。出发之前，庙里的厨师交给他一个大碗，并严厉地警告他："你一定要小心，最近我们财务状况不是很理想，你绝对不可以把油洒出来。"

小和尚下山买完油，在回寺庙的路上想到了厨师凶恶的表情及郑重的告诫，于是，他小心翼翼地端着装满油的大碗，一步一步地走在山路上，丝毫不敢左顾右盼。然而，正是因为他没有向前看路，结果快到庙门口的时候，他踩到了一个洞，虽然没有摔跤，但碗里的油却洒掉了三分之一。小和尚懊恼至极，紧张得手开始发抖，以至于无法把碗端稳。等到回到庙里时，碗中的油就只剩下一半了。

厨师非常生气，指着小和尚骂道："你这个笨蛋，我不是说要小心吗？为什么还是浪费了这么多油？真是气死我了！"小和尚听了很难过。这时，一位老和尚走过来对他说："我再派你去买一次油，这次我要你在回来的途中多看看沿途的风景，回来后把你看到的美景描述给我听。"小和尚很是不安，因为自己非常小心都端不好，要是边看风景边走，就更不可能完成任务了。不过在老和尚的坚持下，他还是去了。

在这次回来的途中，小和尚听从老和尚的意见，观察起沿途的风景。这时，他惊奇地发现山路上的风景是如此美丽：远处是雄伟的山峰，山腰上有农夫在梯田上耕种，一群小孩子在路边快乐地玩，鸟儿轻唱，轻风拂面……

在美景的陪伴中，小和尚不知不觉就回到了庙里。当小和尚把油交给厨师时，他发现碗里的油还装得满满的，一点都没有损失。

《揠苗助长》的故事中，农夫急功近利，反而适得其反，使他的庄稼全部死了。做事也是一样，许多事业都必须有一个痛苦挣扎、奋斗的过程，正是这个过程将你锻炼得无比坚强并成熟起来。朱熹说："宁详毋略，宁近毋远，宁下毋高，宁拙毋巧。"这对"欲速则不达"作了最好的诠释。

2.没有可以随意糊弄的"小"事

在你的事业中，没有可以随意打发糊弄的小人物、小事情，种下什么种子，将来必定会收获什么样的果子，这就是老百姓常说的"报应"。

有个渔夫整日打鱼，有一天，他运气不佳，忙活了一整天，只网到了一条小鱼，而且小鱼还劝他另做决定："渔夫，你放了我吧，看我这么小，也不值钱，你要是把我放回海里，等我长成一条大鱼，到那时你再来捉我，不是更划算吗？"渔夫说："小鱼，你讲得挺有道理，但我如果用眼前的实利去换取将来不确切的所谓'大利'，那我恐怕就太愚蠢了。"

的确，大海可不是渔夫自家的池塘，想什么时候捞就什么时候捞，所以，切切实实地珍惜每一分收获是很重要的。现在的许多人，一心只盯着"大鱼"，对"小鱼"不屑一顾；一心想成就一番大事业，对小事却不愿躬亲。殊不知，胖子也是一口一口吃出来的。从实际出发，脚踏实地，才能不断走下去，捕到"大鱼"。

5年前，A君还在一家营销策划公司工作，当时一位朋友找到A君，说他们公司想做一个小规模的市场调查。朋友说，这个市场调查很简单，他自己再找两个人就完全能做，希望A君出面把业务接下来，他去运作，最后的市场调查报告由A君把关，当然，他会给A君一笔费用。

这确是一笔很小的业务，没什么大的问题。调研报告出来后，A君很明显地看出了其中的水分，但他只是做了些文字加工和改动，就把它交了上去。

去年的某一天，几位朋友拉A君组成一个项目小组，一块去完成北京新开业的一家大型商城的整体营销方案。不料，对方的业务主管明确提出对A君的印象不好，原来，这位先生正是当年那项市调项目的委托人。

因果循环，A君目瞪口呆，也无从解释些什么。

这件事给了他极大的刺激，现在回头来看，当时他得到的那点钱根本就不值一提，但为了这点钱，他竟给自己造成了如此之大的负面影响。

许多时候，我们会不经意地处理、打发掉一些自认为不重要的事情或人物，但这种随意、不负责、不敬业或者是不道德的行为会造成一些很不好的影响或后果，在你以后的人生道路上，说不定在什么时候就会突然显现出来，令你对当年的行为追悔不已。

大事是由一件件小事组成的，处理小事情不认真，还有谁敢把大事交给你做呢？所以，请认真对待你身边的每一件事、每一个人，以及你自己。

3.勤奋是最好的人格资产

毫无疑问，懒惰者是不可能成大事的，他们贪图安逸，一察觉有点风险就会被吓破胆。勤奋者则不同，他们不相信天上会掉馅饼，而是坚信勤奋者必有所获，相信"勤能补拙"这句话的深刻含义。

当有人问牛顿到底是用什么方法创造出那些重要的理论时，他诚实地回答道："总是思考着它们。"还有一次，牛顿这样陈述他的研究方法："我总是把研究的课题放在心上，并反复思考，慢慢地，起初的灵光乍现终于一点一点地变成了具体的研究方案。"

正如其他有成就的人一样，牛顿也是靠勤奋、专心致志和持之以恒才取得成功的。放下手头的这一课题而从事另一课题的研究，这就是他全部的娱乐和休息。牛顿曾说过："如果说我对社会民众有什么贡献的话，完全只因勤奋和喜爱思考。"

另一位伟大的哲学家克普勒也这样说过："正如古人所言，'学而不思则罔'，对此我深有同感。只有善于思考所学的东西才能逐步深入。对于我所研究的课题，我总是追根究底，想理出个头绪来。"

英国物理学家及化学家道尔顿从不承认他是什么天才，他认为他所取得的一切成就都是靠勤奋点滴累积而来的。约翰·亨特曾自我评论道："我的心灵就像一个蜂巢，看来一片混乱、杂乱无章，到处充满嗡嗡之声，实际上一切都整齐有序。这些食物都是通过劳动在大自然中精心选择的。"这里的劳动指的就是他所具备的人格优势，并非才智过人，他只是比一般人更勤劳罢了。

大部分杰出的发明家、艺术家、思想家和著名的工匠，他们的成功都得归功于勤奋和持之以恒的毅力。

英国作家狄斯雷利认为，要成就大事，就必须精通所学科目，但要精通学科，只有通过长时间连续不断地苦心钻研，别无其他办法。因此，某种程度上来说，推动世界前进的人并不是那些天才人物，而是那些智力平庸却非常勤奋努力的人；不是那些智力卓越、才华洋溢的人，而是那些不论在哪个行业都认真坚持、不畏困难的人。

只要我们养成了不畏劳苦、锲而不舍、坚持到底的工作精神，那么，无论我们从事什么样的职业，都能在竞争中立于不败之地。

罗伯特·皮尔正是由于养成了勤奋的工作态度，才成了英国参议院中的杰出人物。当他年纪很小的时候，他父亲就让他站在桌子边练习即席背诵、即席作诗。首先，他父亲让他尽可能地背诵一些格言警句。当然，刚开始并没有多大的进展，但日子久了，他也能逐字逐句地背诵出那些格言。这一训练可以说为他日后在议会中以无与伦比的演讲艺术驳倒论敌立下了根基。

在一些最简单的事情上，反复的磨炼确实会产生惊人的效果。拉小提琴看起来十分简单，但要达到炉火纯青的地步绝对需要多次辛苦的练习。有一名年轻人曾问小提琴大师卡笛尼学拉小提琴要多长时间。卡笛尼回答道："每天12个小时，连续坚持12年。"

一点点进步都是得之不易的，任何伟大的成功都不可能唾手可得。对于想成就大事的人来说，勤奋是最好的人格资产。

4.忍人所不能忍，才能为人所不能为

你也许看到过这样的情形：大象经过一番艰苦的跋涉，好不容易到达了每年固定的饮水地，却发现因为天气的干旱，原来的水源已经干涸了。望着龟裂的河谷，大象没有怨言，也没有停下来休息，而是继续前进，去寻找新的水源。在一年当中，大象寻找水源的时间最长可以达到10个月之久。有人说大象太强悍了，可有谁知道，大象的一生，有大半的时间是靠着坚强的毅力进行跋涉来维持生存的。

人生也是如此，一个人获得的成就有多大，很大程度上取决于他的耐心和毅力有多大。

拿破仑在率领军队攻打俄国的时候，有一次意外地遭遇到了大批的敌人。不过敌人并不知道法国方面有多少部队，但糟糕的是，双方遭遇的地方是一块平原，如果硬拼的话，法国肯定不是数倍于己的敌人的对手。将军们纷纷要求出战，一向对于作战十分狂热的拿破仑却下令所有人坚守，任何人不允许乱动，否则以军法处置。

敌军进行了两次试探性的攻击，都被法军击败了，这时，将军们又要求战斗，拿破仑又拒绝了。就这样，双方僵持了8天，第九天早上，敌人开始撤退，将军们要求追击，拿破仑制止了，直到中午，拿破仑才下令出击，法国军队大胜。

事后，将军们不解地问拿破仑，这样作战的理由是什么。

拿破仑微笑着说："战争有时候并不是谁的作战能力强就能取得胜利，还要看谁有耐心。除了我们少数的几个人以外，敌人和我们的士兵们都不知道我们的兵力只有敌人的1/6。所以，一开始我下令坚守，一方面我们硬拼占不到便宜，另一方面也可以封锁消息，让敌人不知道我们的深浅，并稳定军心。后来，我们虽然击败了他们的两次进攻，可他们的进攻只是试探性的，对他们的主力丝毫无损，也不适合进攻，所以我们还需要继续忍耐。敌人撤退时，我们并不了解是真的撤退还是个陷阱，所以我先派人侦察，原来是他们的补给跟不上，所以坚持不下去了，这才是我们忍耐近10天等来的最好战机。"

如果拿破仑一开始就盲目进攻，一定会碰得头破血流；如果他逃跑，敌人又会发现法军的数量远不如自己，一旦追击，法军将很难幸免。所以，拿破仑选择了忍耐，在忍耐中寻找最佳的出战机会，最后终于取得了胜利。

在忍耐中寻找机会是人生制胜的法宝。但是，忍耐并不是说那段时间里什么也不做，而是不断地为自己积蓄力量，最终达到"不鸣则已，一鸣惊人"的效果。

"忍"是一种做人智慧，即使是强者，在问题无法通过积极的方式解决时，也应该采取暂时忍耐的方式处理，这可以避免时间、精力等"资源"的继续投入。在胜利不可得而资源消耗殆尽时，忍耐可以立即停止消耗，使自己有喘息、休整的机会。

也许你会认为强者不需要忍耐，因为他资源丰富而不怕消耗。理论上是这样，但实际问题是，当弱者以飞蛾扑火之势咬住你时，强者纵然得胜，也是损失不小的"惨胜"。所以，强者在某些状况下也需要忍耐，可以借忍耐的和平时期，来改变对你不利的因素。

没有人能永远是强者，俗话说，强中更有强中手，所以，每一个人都会经历一段"卧倒期"，这样做并不是怯懦，更不是屈服，只是给自己寻找积聚力量的时间和空间，使我们能够再度站起来，取得成功。

在洛克菲勒创业之初，由于资金缺乏，他的合伙人克拉克先生邀请昔日同事加德纳先生入伙，有了这位富人的加入，就意味着他们可以做很多想做、有能力做、只要有足够资金就能做成的事情。

然而，出乎意料的是，克拉克要把克拉克·洛克菲勒公司更名为克拉克·加德纳公司，他们将洛克菲勒的姓氏从公司名称中抹去的理由是：加德纳出身名门，他的姓氏能吸引更多的客户。

这是一个大大刺伤洛克菲勒尊严的理由，他同样是合伙人，加德纳带来的只是自己的那一份资金而已，难道他出身贵族就可以剥夺洛克菲勒的名分吗？但是，洛克菲勒忍下了。他知道，假如对克拉克大发雷霆，不仅有失体面，还会使他们的合作产生裂痕。

洛克菲勒知道自己要到哪里去。在这之后，他一如既往、不知疲倦地热情工作。到了第三个年头，他成功地把那位极尽奢侈的加德纳先生请出了公司，让克拉克·洛克菲勒公司的牌子重新竖立了起来。最终，克拉克·加德纳公司成为了历史，取代它的是洛克菲勒·安德鲁斯公司。

能忍人所不能忍之忤，才能为人所不能为之事。正如大仲马在《基度山恩仇记》中所说："这是一个奥秘——卑屈的懦夫用它遮羞，坚强的巨人把它作为跳板。"一时的卧倒并不是永远的屈服，这种低调的行为不过是一种手段，当有了强大的力量之后，你就会再一次站起来！

5.机遇难免会迟到，请耐心等待

虽然每个人的成功都有运气的成分，但首先需要人们有勇气去尝试，只有这样，当运气来临时，你才能够抓住。

亨利·福特在进军汽车业的前3年，破产过两次；美国大百货公司梅西百货曾经7次遭遇转折点，也就是我们所称的"失败"。但是，这些成功者都努力坚持下来了，最后终于取得了成功。所以说，一个人要想成功，就不能惧怕失败，只要冷静地分析失败的原因，寻找突破口，说不定下一次就会有成功来敲你的门。

机遇从来都不喜欢懒汉，也不欣赏投机者。机遇总伴随着勤奋努力的人，有勇气不断开拓的人，持之以恒的人，力求创新的人，只有具备这些，你才可能受到机遇的青睐。

一个农民，初中只读了两年，家里就没钱继续供他上学了。他辍学回家，帮父亲耕种三亩薄田。在他19岁时，父亲去世了，这可以说是一个家庭里最大的灾难，家庭的重担全部压在了他的肩上，他既要照顾身体不好的母亲，还要照顾瘫痪在床的祖母，这么多的困境足以让弱者垂头。

20世纪80年代，农田承包到各户。他把一块水洼挖成池塘，下了决心想养鱼。但后来乡里的干部告诉他，水田不能养鱼，只能种庄稼，无奈之下，他只好把水塘填平。这件事成了村里闻名的笑话，在别人的眼里，他是一个想发财但又非常愚蠢的人。

但他没有把这一切看在眼里，听说养鸡能赚钱，他又向亲戚借了500元养起了鸡。但在一场洪水后，鸡得了鸡瘟，几天内全部死光了。500元对别人来说可能不算什么，但对一个只靠三亩薄田生活的家庭而言，不啻为天文数字。他的母亲禁不起这个打击，竟然忧郁而亡了。

到后来，他酿过酒、捕过鱼，甚至还在石矿的悬崖上帮人打过炮眼……可以说，他什么活都干过，可这些都没有赚到钱。他到了35岁的时候还没有娶到媳妇，即使是离异的有孩子的女人也看不上他，因为他只有一间土屋，那屋子随时都有可能在一场大雨后倒塌。娶不上老婆的男人在农村是没有人看得起的，但他就是不放弃，还想搏一搏，于是，他四处借钱买了一辆手扶拖拉机。不料，上路不到半个月，这辆拖拉机就出了意外，载着他冲入了河里。

债台高筑的他断了一条腿，成了瘸子。而那拖拉机被人捞出来时，已经支离破碎，他只能拆开它，当作废铁卖了。

村里的人更加鄙视他了，都说他这辈子完了。

但谁也不会想到，后来的他成了一家公司的老总，手中有两亿元的资产。

知道了他苦难的过去和富有传奇色彩的创业经历后，很多媒体都来采访他。

有一次，记者问他："在苦难的日子里，您凭着什么一次又一次毫不退缩？"

他坐在宽大豪华的老板桌后面，慢慢地喝完了手里的一杯水。然后，他把玻璃杯握在手里，反问记者："如果我松手，这只杯子会怎样？"

记者说："摔在地上，会碎掉。"

"那我们试试看。"他手一松，杯子掉到地上发出了清脆的声音，但令大家吃惊的是：杯子并没有破碎，它完好无损。

接着，他意味深长地说："即使有10个人在场，他们都会认为这只杯子必碎无疑。但是，这只杯子不是普通的玻璃杯，而是用玻璃钢制作的。

这样的成功者，什么坎坷都不怕，什么艰险都挡不住他前进的步伐。成功不属于这样的人还会属于谁呢？

生活就是一扇大门，在开启之前，你无法断定门后等着你的是成功还是失败，想要知道答案，你就要把门打开。如果连推开门的勇气都没有，还谈什么成功？有时，机遇就像个孩子，难免会迟到，想要抓住它需要勇气，而真正的勇气，是一种忍耐。

在追求成功的道路上，坎坷和磨难总是时时相伴，胜利也总是和失败接踵。有勇气追寻成功的人善于从教训中积累力量，他们不会被困难威胁，反而会从失败中获得新生。在他们看来，无论是感情上的挫折，还是事业上的坎坷，抑或是选择时的失误，都可以为自己的成长提供最好的经验积累，为自己增添更多的勇气，使他们胜利的决心更加不可动摇。这就是成功者的气魄。

6.活在当下，永远不后悔

你是在向前看，还是在频频回眸？是在坎坷路后不懈奋斗，还是在遭遇挫折后郁郁寡欢？

汉德·泰莱是纽约曼哈顿区的一位神父。

那天，教区医院里一位病人生命垂危，他被请过去主持临终前的忏悔。他到医院后听到了这样一段话："仁慈的上帝！我喜欢唱歌，音乐是我的生命，我的愿望是唱遍美国。作为一名黑人，我实现了这个愿望，我没有什么要忏悔的。现在我只想说，感谢您，您让我愉快地度过了一生，并让我用歌声养活了我的6个孩子。现在，我的生命就要结束了，但死而无憾。仁慈的神父，现在我只想请您转告我的孩子，让他们做自己喜欢做的事吧，他们的父亲会为他们骄傲的。"

一个流浪歌手，临终时能说出这样的话，让泰莱神父感到非常吃惊，因为这名黑人歌手的所有家当就是一把吉他，他的工作是每到一处，把头上的帽子放在地上，开始唱歌。40年来，他如痴如醉，用他苍凉的西部歌曲感染他的听众，从而换取那份他应得的报酬。

黑人的话让神父想起5年前曾主持过的一次临终忏悔。那是位富翁，住在里士本区，他说的话竟然和这位黑人流浪汉差不多。他对神父说："我喜欢赛车，我从小研究它们、改进它们、经营它们，一辈子都没离开过它们。这种爱好与工作难分、闲暇与兴趣结合的生活让我非常满意，并且从中赚了大笔的钱，我没有什么要忏悔的。"

白天的经历和对那位富翁的回忆让泰莱神父陷入了思索。当晚，他给报社写了一封信，信里写道："人应该怎样度过自己的一生才不会留下悔恨呢？我想也许做到两条就够了：第一条，做自己喜欢做的事；第二条，想办法从中赚到钱。"

后来，泰莱神父的这两条生活信条被许多美国人信奉——的确，人生如此，也没什么好后悔的了。

我们之所以对以前的某个错误耿耿于怀，迟迟不肯原谅自己，多半是因为我们为之付出了一定的代价。可是，不能原谅又能如何？代价不能再收回，但我们的心情可以回转，也需要回转，因为生活还要继续。

安雅宁进入公司刚刚一年，因为表现优秀，很受领导器重，她也暗下决心一定要做出成绩来。

一次，上级领导要她负责一个企划案，为一个重要的会议做准备，还透露说，如果这次企划案能赢得客户的认可，她将有可能被调到总公司负责更重要的职务。对安雅宁来说，这是个千载难逢的机会。她非常卖力，每天都熬夜准备这份企划案。

可是，到了会议那天，安雅宁由于过度紧张，出现了身体不适，脑子一片混乱，甚至没有带全准备好的资料，发言的时候词不达意，几次中断，会议的结果可想而知。

失去了一个这么好的机会，安雅宁为此懊恼不已。之后，由于她的状态一直不好，又有过几次小的失误，她对自己更加不满。以前自信的她，现在忽然觉得自己不适合这个工作，不然，为什么老是在关键时刻出错呢？她开始惩罚自己，经常不吃饭，想通了又暴饮暴食，或者拼命地喝酒。

安雅宁的情绪越来越不好，领导找她谈过几次话，宽慰她过去的事情都过去了，人应该向前看。虽然她的情绪渐渐稳定了下来，但她还是不能原谅自己，没有心情做好手中的事情，以致对工作失去了当初的信心。最后，她不得不递交了辞呈。

很多人在犯错之后不能原谅自己，甚至憎恨自己，进而影响到现在乃至未来做事的心情。如果憎恨过于强烈，就无法重新开始，无法看到希望的曙光。不如反过来想一想，错误既然已经犯下了，再惩罚自己有什么用呢？而且，你已经为此付出了沉重的代价，为什么还要搭上现在和未来呢？那些无法原谅自己，始终对自己的过去耿耿于怀

213

的人，是得不到人生的幸福的。

每个人都希望自己的人生道路和事业道路能够一帆风顺，最好不要犯任何错误，但这只不过是人们自己的一厢情愿罢了。"人非圣贤，孰能无过。"无论是在工作中还是生活中，犯错本就是难以避免的事情。关键不在于你犯的错本身，而在于你犯错之后的反应。

常常听一些人痛苦地说："我永远无法原谅自己。"可是，不原谅又能如何呢？那等于把自己推入了一个永不见底的深渊，从此再也看不到希望和光明。世上没有"后悔药"，谁也不能改变过去，对自己的责怪除了会加深你的痛苦之外，毫无意义。

犯错并不可怕，可怕的是我们失去了直视它的勇气，更可怕的是我们从此失去做事的心情，以至于赔上自己整个人生。所以，切莫抓住过去的伤疤不肯放手，赶快从自怨自艾的泥潭中跳出来，朝气蓬勃地投入到新的生活和事业中去吧！

只有真正从心底里原谅自己，才能驱走烦恼，让心情好转。学会原谅自己，不是给自己找借口，而是理智地分析我们过去的错误，从而在错误中得到教训，做到"经一事，长一智"。

7.耐得住寂寞的心境，才能守住繁华

都说古来圣贤皆寂寞，很多时候，可能我们的才能没有被领导及时地发现，像仙人球一样被安置到了角落里。这个时候的落寞只有自己忍受，那是一场痛苦的挣扎。然而，如果我们抛开失落带来的消极情绪，在角落里默默地积蓄力量，就算是一棵不起眼的小仙人球，也

能开出令人惊叹的花。

人生在世，不可能事事顺心。如果我们面对挫折时能够保持一种恬淡平和的心境，便是彻悟人生的大度。正如马克思所言："一种美好的心情，比10副良药更能解除生理上的疲惫和痛楚。"

琐碎的工作充满了单调、乏味和寂寞。其实，工作本无大小之分，都是你职责范围内的事。只有在平凡的工作中力求高效完美，表现出服务和奉献精神，才能在公司中脱颖而出。身为职场中人，就应该练就正确的心态，培养承受寂寞的能力。

成功的路上充满艰辛，坎坷、无奈、寂寞、孤独常常伴随在我们左右。在追求的过程中，当寂寞成为一种切身的感受，成为一种生活状态时，成功看似遥遥无期，但其实它已在悄悄到来。耐得住寂寞，就是在守候成功。

有一个女孩，她的梦想是站在舞台上唱歌。这个女孩子并不漂亮，但这并不妨碍她追求自己的梦想。但是有一天，她的梦想受到了打击。在一名著名音乐人的制作室里，一盆冷水向她泼了过来："你的嗓音和你的相貌同样不漂亮，我看你很难在歌坛有所发展。"

听了这话以后，女孩并没有选择离开，反而默默地留了下来。梦想那么远，成功那么远，她能做的只是把握好现在。她端茶倒水，制作演出时间表，替歌手拿演出服装……别人问她为什么，她郑重地说："不为什么，这里是离我的梦想最近的地方。"

终于有一天，她微笑着站在了自己的舞台上，用并不惊艳但十分温暖的嗓音感动了在场所有的人。她就是刘若英。在成为歌手刘若英之前，她忍受着巨大的寂寞和无助，但她从来都没有想过要放弃自己的梦想。

　　寂寞是成长所必须承受的"痛"。年轻时，谁没有遭遇过寂寞、痛恨过寂寞，并想摆脱寂寞呢？成功之前，只有你一个人在踽踽前行，没有鲜花，没有掌声，没有赞美，有的只是无数的嘲笑和打击，没有人会把目光多留在你身上片刻。在成功到来之前，你需要一天天在冷清中度日，而且要继续前行。然而，有人将这份寂寞当成了一种储蓄，以积少成多的投入换取更丰富的资源，积存在生命的仓库中。

　　一位美国心理学家曾经做过一个实验，并进行了长期跟踪。

　　心理学家给一些4岁的小孩子每人一颗非常好吃的软糖，同时告诉孩子们可以吃糖。如果马上吃，只能吃一颗；如果等20分钟，则能吃两颗。面对糖果的诱惑，有些孩子急不可待，马上就把糖吃掉了；另一些孩子却能等待对他们来说无限漫长的20分钟。为了使自己耐住性子，他们闭上眼睛不看糖，或头枕双臂、自言自语、唱歌，有的甚至睡着了。最后，他们吃到了两颗糖。

　　这个实验后来一直继续了下去。那些在他们几岁时就能等待吃两颗糖的孩子，到了青少年时期仍能等待，而不急于求成；而那些迫不及待只吃了一颗糖的孩子，在青少年时期更容易有固执、优柔寡断和压抑等个性的表现。

　　当这些孩子长到上中学时，就会表现出某些明显的差异。对这些孩子的父母及教师的一次调查表明，那些在4岁时能以坚忍换得第二颗软糖的孩子常成为适应性较强、冒险精神较强、比较受人喜欢、自信、独立的少年；而那些在早年就经不起软糖诱惑的孩子则更可能成为孤僻、易受挫、固执的少年，他们往往屈从于压力并逃避挑战。

　　研究人员在十几年以后再考察那些孩子的表现后发现，那些能够为获得更多的软糖而等待得更久的孩子要比那些缺乏耐心的孩子更容易获得成功。

在这个试验中，糖果是一种诱惑，在追求成功的过程中，学会寂寞就是在拒绝诱惑。当对梦想的渴望更强烈，对成功的目标更坚定，忍受得了寂寞，就是在走向成功。过早地吃到自己的糖果，过早地屈服于诱惑，只会让自己离成功更远。

时间最能考验人的意志，困难最能磨炼人的意志。在人生和追求事业的过程中，寂寞在所难免，困难和挫折在所难免。面对这一切，坚守和执著进取的意义就显得非常突出。许多大事之成，不在于力量的大小，而在于坚持了多久。

一个人要取得事业的成功，必然要经历困难和痛苦的过程。是成功还是失败，往往在于有没有耐力，有没有坚忍不拔的毅力。有时候，成功者和失败者的主要区别就在于能否耐得住寂寞。

小技巧：如何避免浪费时间

哈佛大学时间管理项目的研究人员认为，管理时间的原则之一就是要摸清时间管理的方法，避免走弯路而浪费时间。他们建议人们管理时间可以采用以下的方法：

（1）把脉法。

找到适合自己的时间运筹之道，把好自己的脉，弄清自己的个性、身体状况和所处的环境，并不断在实践中寻找。在所有长期、中期、短期计划中，确定好先后顺序，唯有如此，才算完成了做计划的工作。不同的人在运筹时间方法上有所不同，人的性格、习惯、体质、爱好就像人的面孔一样各不相同，而且家庭、工作单位、当地社会环境的条件也多种多样。有些人早上起来时灵感频至，有些人夜深人静时思维活跃。因此，哪种运筹时间方法好，不能一概而论，要因人而异。你可以根据自己的实际情况安排时间，以达到事半功倍的目的。

(2) 良性心理法。

管理时间事实上是个管理自己的问题。因此，善于运用心理学的方法，对管理时间有很大的益处。艾伦·莱克英建议，个人可以不断运用以下语句去鼓励自己："我及时计划自己拥有的时间，力争从每一分钟都得到乐趣（不一定要取得什么成绩）。""我自始至终是个乐天派。""我把成功作为自己的动力。""我决不因为懊悔失败而浪费时间。""我决不为未做一件事内心负疚而浪费时间。""每当我觉得自己是个胜利者时，我就精力充沛，信心倍增。"

良好的心理激励是很好的时间管理法，它将会避免你将时间白白浪费在一些毫无意义的懊悔上。

(3) 约定促使法。

在生活中，你经常会遇到这样的情况：你打算利用下午一小时处理某项工作，然而随着时间的推移，你却做了一些其他工作。但是，如果你现在和某人约定下午从1点到3点要和他讨论一个问题，想必你会按时赴约。这是因为，一经和人预约，你就会害怕因自己没有按时赴约而令别人失望。在完成一项重大任务时，采取和别人订约，这对于促进一项重大任务的完成是有很大好处的：一方面，承诺能激起你的良心去完成一项任务；另一方面，约定完成时间也起着一定的强制作用。

(4) 搁置琐事法。

有时，你为了回避一些棘手的工作，比如那些新的、没有经历过的、未知的和不确定的工作，会求助于一些例行事务的处理，如额外花上5分钟时间去整理书桌、削削铅笔，或者下意识地把书桌擦拭一新。这样看似不起眼的小事却往往会耽误重要工作的完成。当你从事自己想要做的事情时，倘若不注意其重要程度或优先次序及所花费的时间，你将不同程度地养成放纵自己的习惯，也就不能完成重要任务。因此，你必须明白，那些只花费几分钟的零星琐事及处理这些事项的目的都是为实现重要工作服务的，而最好的做法就是把这些琐事搁置起来，下定决心从一开始就从事重要工作。

(5) 效力优先法。

效率所强调的是做一件工作的最佳方法，它属于策略问题。如为了即将召开一次会议，你有一份必须要打电话通知的名单，如果从效率观点来看，你会从如何尽快正确无误地通知开会人员名单来入手。但是，如果从效力观点来看，你就会问自己，是打电话还是考虑另一种联系方式，或者把打电话的事委派给他人去做，甚至决定取消这次会议，把时间用在更有用的地方。时间管理应该以效力优先、效率次之的观念为出发点。

(6) 变更次序法。

一切事务都是在变化中，所谓"计划赶不上变化"。ABC优先次序的变更，取决于条件的变化，如你在当时的条件下考虑一项活动的整个效益时，它的优先次序可能还是A，但倘若干到中途，因困难多而完成无望，或因条件变化失去了价值，那你就得重新确定自己每项活动的先后次序了。

第十章

停一停你的脚步，
看一看路边的风景

1.有效地放松并不是浪费时间

日休禅师曾经说："人生只有三天，活在昨天的人迷惑，活在明天的人等待，只有活在今天最踏实。今天，你别走得太快，否则，将会错过一路的好风景！"

林语堂在工作的时候是十分严肃的。他有一间书房，在写作的时候，他会把门关上，谁也不能打扰。有时因为创作的需要，更是争分夺秒，一连十几个小时都不出来。

但在工作之余，他也会将一些时间投入到旅行、逛旧书市场、钓鱼、养花等娱乐活动中，他非常推崇清朝诗人张潮所说："花不可以无蝶，山不可以无泉，石不可以无苔，水不可以无藻，乔木不可以无藤萝，人不可以无癖。"

林语堂常说："一个人不会放松是可悲的，一个人不舍得放松也是可悲的。"

我们的生命就是用时间组织起来的材料，珍惜时间就是珍惜生命，就是对未来的成功负责。然而，将所有的时间毫无保留地倾注到学习和事业中去，就是对成就价值最好的诠释吗？

凡事过犹不及。从画蛇添足的笑话到北宋初期过分追求雕润密丽、音韵铿锵的辞文没落，从清朝后期的"畏夷如虎"到大跃进时期的"人有多大胆，地有多大产"，所有的遗憾都在昭示着同一个真理——"过犹不及"。

对待时间也同样如此。不将时间当作资源，随意挥洒玩弄的人，迟早要缅怀于"老大徒伤悲"的沉痛惩罚；对时间过分吝啬，天天拖着疲累的身体追赶时间的人，也将陷入"树欲静而风不止"的恶性循环，最终降低他本来应该达到的成功高度。

其实，一个人终身都在耗费多少时间与能够取得多大成功之间博弈。

过于苛责时间，甚至休息都成为了一种奢侈，会过度地耗损生命的精力。巴尔扎克的遗憾正昭示了这个真理——如果他能再活20年，我们将重新定位这位法国文学家的伟大；过分放纵时间，让它流水般从指尖、发梢溜走，即便天才如方仲永，也注定白首无为——如果他能有效利用时间，也许在他20岁的时候，即可直追初唐王勃。

由此可见，并不是一味地用努力将时间填满就能取得更大的成功。我们要适当地、有效地休息，掌握并调整自己的身心状态，争取用最少的时间做出最成功的业绩。

首先，放松要有效。

我们将时间用在娱乐中、爱好上，最根本的目的是为了更有效率地利用时间。在高考前一周，学校一般都会放假，老师也会建议学生在这一周内以放松为主，调整状态比不分昼夜地用功重要。

归根结底，决定考生命运的是高考考场中的几个小时，其余的时间即使再刻苦、成绩再好也没有用。所以，为了利用好考场内的时间，学生必须进行一些必要的休整。我们平时花大量的时间做练习，就是在做准备，同样，考前花一些时间调整自己的状态也是在准备。

把平时做练习的时间用来娱乐放松，是一种浪费；把考前娱乐放松的时间用来争分夺秒地做练习，也是一种浪费。因为它们都与最终的目标背道而驰。

在工作中也是如此，该放松的时候就要放松。把全部精力都花在事业上，不见得就能成功，把握好关键性的时间段，效果可能更显著。

这就要求我们要学会放松，并且要有效地放松。必要的休闲和放松是为了更好地有效利用时间，所以要以有效为放松的界尺，能用一个小时就达到有效的目的，就不要花一天的时间，这也是珍惜时间的一个注脚。

其次，放松要适当。

《三国演义》中刘备江东招亲，周瑜为了消灭刘备在竞争天下的潜在威胁，采用的办法就是"糖衣炮弹"。他给刘备安排了最舒服的环境、最好的酒宴、最丰富的奇珍古玩，而戎马大半生的刘备果然彻底地放松了下来，在声色犬马中忘记了国家大业。

玩物者，必丧志，这是一个亘古不变的道理。放松的根本目的是为了取得更大的成功，也可以看作是为将来成功打基础的一个步骤，如果让娱乐妨碍到进取，那就会陷入本末倒置的泥沼。

培养一门爱好是放松的手段，但如果将爱好变成嗜好，耽误了正常的工作和学习，那就得不偿失了；疲惫的时候，休息与娱乐是放松的手段，但如果睡到头昏脑涨，玩到昏天黑地，就会顾此失彼。

我们一定要把握放松的"度"，心中要有一个大方向。任何形式的放松都仅仅是进取成功的一个辅助手段，而不是主要途径。所以，在娱乐休息的时候一定要有时间观念，不能让其影响到我们的奋斗目标。

2.时刻保持充沛的精力

充分利用好自身能量的最好方法之一，就是把能量集中起来。目标能为我们做到这一点，集中我们的精力。

丘吉尔是英国历史上最伟大的首相之一。第二次世界大战期间，他已经是70岁高龄，但面对繁重的政务，他总是保持着充沛的精力和热情，丝毫没有露出疲惫的神色。这主要得益于他能够注意休息，在工作之余能及时地放松自己，充分抓住空闲的点滴时间休息。

一般情况下，他每天中午都要睡1个小时，晚上8点吃饭之前也要睡两个小时，即使乘车，他也会利用这个时间闭目养神。

丘吉尔还有个习惯，一天中无论什么时候，只要一停止工作，就爬进热气腾腾的浴缸中洗澡，然后裸着身体在浴室里来回踱步，放松自己。

由于能够保持良好的精力，丘吉尔在当英国首相期间取得了辉煌的政绩。可以说，丘吉尔的贡献对于第二次世界大战的胜利是必不可少的。

有人曾问他精力充沛、身体健康的秘诀，丘吉尔说："我的秘诀是：当我卸下制服时，也就把责任一起卸下了。"

如今的社会，人们的生活节奏日益加快，竞争也日趋激烈。面对工作上的挑战、生活上的各种压力，许多人都存在失眠、头痛、情绪低落、容易疲劳、注意力不集中等情况。一旦出现这些情况，人们正常的生活和工作就会受到影响，大量的时间被浪费。因此，怎样才能长时间保持精力充沛，长时间地工作和轻松自如地生活成为了人们关注的问题。

哈佛大学的研究人员经过多年的调查与研究，终于找到了在工作的过程中保持充沛精力的有效方法：

(1) 让你的眼睛适时地离开电脑屏幕。

这是保持精力最首要也最简单的方式。在我们的工作区域，许多人整天都面对电脑，一刻也不曾离开，这样容易增加疲劳。从现在开始，你应该偶尔将你的眼睛从电脑上移开，到四周或窗口散散步。这个动作虽然简单，但对你却非常有帮助，一定要提醒自己每40分钟或者一个小时起来活动一下。

(2) 尽量不使用电梯。

如果你所在的公司楼层比较低，为什么不放弃电梯走楼梯呢？这不仅能够使你精力充沛，让你的心脏跳动有力，而且对于8个小时坐在那里的人来说，是一个非常有效的运动方式。

(3) 坚持多喝水，少喝咖啡。

虽然咖啡可以快速提神，给我们及时地补充能量，但咖啡补充的能量也会消失得很快，而且有些人常常会感觉喝完咖啡后比喝之前更糟糕。水是人体新陈代谢必不可少的物质，而且可以很好地帮助带走你身体代谢的废物。所以，在日常生活中，你应该试着多喝水，少喝咖啡。

（4）每天坚持冲洗你的眼睛两到三次。

当你感觉非常疲惫的时候，可以到洗手间用冷水冲洗一下你的眼睛。这对你的眼睛非常有好处，而且会让你保持清醒的头脑和充沛的精神——特别是在一天中的晚些时候。

（5）随时补充能量。

在公司的时候，不要为了节省时间就随随便便地吃几口快餐，因为吃快餐会让你容易觉得饿。你可以在办公室准备一点点心，在不影响工作的情况下随时补充能量，让自己保持充沛的精力。

（6）有效的休息。

如果你感到疲倦，不妨休息几分钟甚至十几分钟，打个小盹，这可以使你的精力得到恢复。不过在休息之前，有两点你需要确定：不要在工作区域休息，在工作的时候被上司发现了影响会很不好；不要超过半个小时，确保只是打个小盹。

（7）及时地呼吸新鲜的空气。

新鲜的空气总是能让人精力充沛。所以，最好能花10分钟的时间到你办公室以外的地方呼吸一下新鲜空气。

（8）加入同事间的聊天。

加入同事之间的聊天，能帮助你保持活力。所以，当你感到不想工作了，可以把你的精力转移到一些与工作无关的简短的谈话上。5~10分钟后，当你再回到工作上去，你会发现很容易高效地投入到工作中。

（9）科学锻炼。

如果运动的时候不注意控制运动时间，往往会运动过度，使身体过于疲劳，这将得不偿失。只有掌握科学的方法，才能够使人保持充沛的精力。

定期进行体育锻炼会让你的身心都受益，其中最大受益者是你的心脏。另外，积极的锻炼还能提高身体产能的效率。当快节奏、高强度的工作需要你付出更大的精力和能量时，健康的身体就能够游刃有余地释放潜能。

（10）及时进行心理调节，自我激励。

用生活中存在的哲理、榜样或思想、观念来影响自己；进行自我心理暗示，让自己不要紧张，相信自己定能闯过难关；要知足常乐，经常想到自己是幸福而充足的，保持心情舒畅，从而增加获得成功的可能性。

（11）及时地补充营养。

每天摄入糖、脂类、矿物质、维生素、蛋白质等人体所必需的营养物质。同时，还应注意克服两种不良的膳食倾向：一是食物营养和热量过剩；二是为了某种目的而节食，以致食物中某些营养素和热量不足。

3.好好睡觉才是正经事儿

哈佛大学的研究报告显示："睡眠不足会严重影响与记忆形成有关的神经和行为能力。因此，在学习之前睡觉可能对大脑在第二天形成记忆很有帮助。"所以，人们应该正确地对待睡眠，提高自己的睡眠质量，尽量少熬夜。

维多利亚是丹佛一家公司的客户经理。她几乎每天都疲于奔命，忙得四脚朝天。为了完成工作，她常常加班，有时候还不得不熬夜。

有一次，她的朋友见维多利亚忙碌的样子，便问她为什么总那么忙。她满脸无奈地说："亲爱的，我告诉你今天上午发生的几件事情吧。我今天上午刚进公司，就有几个人来找我汇报工作。首先是公司的前台告诉我，早上有客户打电话抱怨等了很久也没收到电子邮件。我立即去查自己的邮箱，发现信件占用的空间太大被退了回来。于是，我赶紧把邮件分批发送出去。之后，项目执行部的同事来跟我说，客户反映活动场地布置不符合他们的要求，问我是什么原因，我只能跟客户解释并马上做出补救的安排。随后，策划部的同事又来找我，说明天是我交一个提案的最后日期了，但我还没准备好资料，我今天晚上必须熬夜去完成那个提案……"

紧张忙碌的工作让维多利亚觉得自己的生活规律被完全打乱了，她不能很好地安排自己的睡眠时间，因为她不知道什么时候又要熬夜忙工作。

白天工作时，生怕事情办不好，总是放心不下，肌肉紧绷，搞得精疲力竭；晚上回家了，仍不断地打电话联络事情；夜里，终于可以好好休息了，脑子却在不断地思考，不断地想起今天的事，又盘算着明天的事，辗转反侧间，时睡时醒，这样的睡眠质量可想而知。

（1）正确对待熬夜。

现代社会，人们的生活节奏越来越快，几乎所有的人都熬过夜，人们不得不面对熬夜这个问题。间断性的熬夜有时会使某些类型的人获得意想不到的效果：熬夜后，一般会感到很累，所以睡觉会睡得特别香、特别沉，休息得特别好；熬夜还可以使人集中较长时间的精力，专攻一项难度较大的工作。

不过科学证明，晚上11点到次日凌晨2点之间是最佳睡眠时间，因为这个时间段内人体温度很低，所以睡觉一般不要超过12点，最好在

11点左右就入睡，否则身体就可能受到不良影响，如荷尔蒙紊乱、头晕等。因此，重要的工作应该尽量安排在10点半之前，那时的效率比较高，并且间隔一个小时左右就要起来走动走动，或者做些深呼吸等活动，以利于分散注意力，保证工作持续高效。

而在必须熬夜的前提下，我们就一定要学会自我保护。大家都很清楚熬夜的危害，我们应该将这种有悖于生物钟的行为尽量控制在最短的时间内。正如灾难来临时，我们所能做的首先就是将损失控制在最小范围之内。这里所说的自我保护主要指：一不能太晚；二要迅速进行有效补救。

不睡得太晚才能让自己的身体更易于调整过来，使身体的机能不至于过度紊乱。另外，有效的补救是熬夜之后必须做的功课。熬夜会严重影响视力，应该多吃一些富含维生素A的食物，如鳗鱼、胡萝卜、韭菜等，以及瘦肉、鱼肉、猪肝等维生素B含量较高的食品。另外，还要适当补充一些热量，多吃一些蔬菜、水果及富含蛋白质的食物来补充消耗的体力。但补充也要注意适度。专家指出，干果类食品对恢复体能也有特殊的功效，如花生米、腰果、核桃、杏仁等，因为它们富含维生素B、维生素E、蛋白质、钙和铁等矿物质以及植物油，并且胆固醇含量比较低。

除了在饮食上要留意外，经常熬夜的人还要加强身体锻炼。熬夜时如果感到昏昏欲睡或者精力不足，你便应该停下手头的事活动一下或者到户外散散步。由于熬夜占用了正常的睡眠时间，所以一定要见缝插针地补充睡眠。在上下班的车上闭目养神一会儿，中午吃完饭小睡一会儿等，这些都可以起到振作精神、恢复体力的作用。

（2）掌握"快速入睡"的方法。

现代人面临巨大的压力，在"失眠"这种常见病面前，多数人都束手无策，他们不得不求助于药物，可是，药物只能起到一时的缓解作用，要想最终根治，还是需要在生活习惯上下功夫。

现在各种媒体中流传的治疗失眠的方法有很多，诸如饮食调节法、自我放松训练法、音乐疗法等。不过，最简单易行、最有效的方法有以下几种：

临睡前用热水洗脚或用手由里向外搓脚心90~100下，以加速血液循环和疏通经络，可使你早入睡；

睡觉前，用手抚弄耳垂，耳垂受到按摩时，心跳减慢，达到松弛效果，可以帮助你入睡；

睡前，盘双腿坐在床上，同时保持均匀呼吸，不一会儿睡意即至；

睡前将一汤勺醋倒入冷开水中搅匀喝下，可快速入睡，且第二天精力充沛。另外，睡前喝一杯牛奶也能有好的效果。

现代社会，科技发展越来越迅速，我们每一个人都在承受着前所未有的压力，在压力面前，我们更要学会控制自己的睡眠，不断调节睡眠。

想要改善睡眠质量，需要注意以下几点：

（1）卧室要保持安静，空气要清洁，室温要适宜；

（2）白天睡眠时，保证卧室内无光、安静；

（3）床铺要舒适，被褥要清洁，厚薄要适当；

（4）建立起有规律的生活习惯，按时上床休息；

（5）入睡前不要吃得过饱；

（6）不要吃过多辛辣、刺激性的食物；

（7）晚上不要喝茶、咖啡等有提神效果的饮品；

（8）睡前用热水洗脚；

（9）睡前不要思考问题，不要去想一些难办的事情，不要阅读或观看过于精彩、令人兴奋的小说、电影、电视。

4.控制好自己的情绪

哈佛大学的研究人员发现，人的情绪变化是因时、因地、因人而异产生的，其中，周围的环境、个人的人生际遇对情绪引发的变化尤其明显。

在工作和生活中，我们需要明白一个道理：世界不是为人类而存在的，社会也不是因你个人而存在的，它不会因为你个人的喜好而去改变什么。因此，我们必须学会控制调节自己的情绪，让不愉快的事情从内心深处消失，让情绪常处于愉悦的状态，这样才能保持健康的心理，才能不因为一时的情绪波动致使自己做出过分的事情来。

能控制好自己情绪的人，比能拿下一座城池的将军更伟大。

林肯是美国历史上最伟大的总统之一，他既善于控制自己的情绪，也善于帮助部下控制情绪。

有一天，陆军部长斯坦顿来到林肯的办公室，气呼呼地对他说有一位少将用侮辱的话语指责他。听完了他的唠叨，林肯建议斯坦顿写一封内容尖刻的信回敬那位少将。

"可以狠狠地骂他一顿。"林肯说。

斯坦顿立刻写了一封措辞强烈的信，然后拿给林肯看。

"对了，对了！"林肯高声叫好，"要的就是这个！好好教训他一顿，写得太棒了。"

但是当斯坦顿把信叠好装进信封里时，林肯却叫住了他，问道："你干什么？"

"寄出去呀。"斯坦顿有些摸不着头脑。

"不要胡闹，"林肯大声说，"这封信不能发，快把它扔到炉子里去。凡是生气时写的信，我都是这么处理的。这封信写得好，写的时候你已经解气了，现在感觉好多了吧？那就请你把它烧掉，再写第二封信吧。"

消极情绪不仅会危害我们的身体健康，也会对我们的工作、人际交往、事业产生不良影响，有时候甚至会对我们的命运产生消极影响。就拿社交来说，在与人交往的过程中，可能会遇到各种各样的情况，面对不同的情况，情绪会有很大的波动，若不善于控制情绪，就会给人留下不成熟的印象，这会影响到你的社交。

当你出现情绪波动时，需要找到有效地控制情绪的方法，以防它继续侵蚀你的时间和精力。

下面是哈佛大学的教授提供的一些克服、处理并控制情绪的方法：

（1）学会完全主导自己。

控制自己的情绪，需要经过一个全新的思考过程。这个思考过程是很艰难的。因为我们生活中很多观念无意中加强了我们的特性，使我们从小时候一直到成年都相信自己存在无法克制的情绪。这里要强调的是，你必须相信自己在人生中的每一个时刻都能按照自己的方式去认识事物，认识人，与人交往，按照自己的方法处理事情。

（2）找到释放情绪的正确途径。

成功者一般都善于为自己的情绪寻得释放的途径。如有的人在激动的时候常常会去做些需要体能的动作或者运动，这可使因紧张而动员起来的"能"获得一条出路；有的人有不良情绪的时候会去找要好的朋友倾诉一下，把话说出来觉得心情会平静许多；还有的人借旅游来使自己离开那容易引起激动的环境，祛除心理上的纷扰，等到旅游归来，原有的问题或许已显得微不足道。

（3）进行独立思考，控制自己的情绪。

你的情绪都产生于你的思考，你认为你的悲伤、沮丧、愤怒、烦恼和忧虑是某些人或事情带给你的，但事实上，你的不快都是因为你自己造成的。你完全可以改变自己的思想，选择自己的感情，从而产生新的思考和情绪。一个思维全面的人总是不断地学习用不同的方式处理问题，然后成为一个主宰自己的人。

（4）找到控制情绪的方法。

如果你是一个乐观的人，那么，你一定能够找到控制自己情绪的办法，而且你随时都可以为自己认为值得去做的事情而努力，这样，你也就成了一个聪明的人。能够顺利地解决问题，你的生活也会变得幸福。如果你暂时不能解决某个问题，你也可以通过控制自己的情绪，充满乐观，最终找到解决问题的办法。

当我们在工作中面临情绪冲突时，通常没有第三者的调停，我们只能靠自己改变情绪状态。以下是一些能改变我们由情绪所引发的不良行为的方法：

（1）拖延法。

所谓拖延法，是指一个人在发怒之前，首先强忍下来，不采取任何措施，等过了一段时间以后，再回过头来考虑和处理这件事情。这时也许会有许多结果：可能是一场误会，可能事情并没有当时想得那么糟糕，也可能你已经找到了比较好的解决办法。

（2）转移法。

这里所说的转移法是指一个人在心中产生怒气时，及时地离开产生怒气的环境，或暂时将事态搁置一旁，通过分散注意力而使自己愤怒的情绪冷却下来。需要注意的是，要选择积极的转移方式，而不要选择消极的转移方式，比如回到家在自己的家人身上生气发火，这样只会造成更严重的后果。

（3）宣泄法。

当愤怒在自身能控制的范围内时，你应该尽早识别其症状，进行严格的自我分析。如果一个人的怒气总是憋在心里，只会对他的身心健康不利，而且长此以往，也会给自己的工作带来不良影响。因此，除了采取向朋友倾诉等方式来宣泄自己的不愉快情绪以外，你还可以在适当的场合大声喊叫甚至痛哭一场。

（4）避免争论法。

当一个人发现别人与自己存在不同的意见时，往往会发生争论，甚至演化为愤怒的情绪。因为争吵的时候，每个人都想站在自己的立场上为自己的见解辩护，即使对方的说法有道理，我们也不愿更改自己的见解。而这种争论通常情况下是毫无意义的，所以，要想成为有说服力的人，你应该避免争论。

5.尽可能多陪伴家人

激烈的竞争、工作的压力、生活的重负似乎剥夺了我们与家人在一起享受生活的权利。我们总是很难抽出时间去陪伴自己的家人，慢慢地，我们开始变得烦躁、疲倦，而我们的家人也因我们的忙碌而生活在期盼、等待中，等待着我们有一天能早点回家陪他们一起吃晚餐，等待着我们能在周末和他们一起去看一场电影，等待着我们能有时间跟他们谈论一下刚看过的电视剧，而我们常常没有这样的机会。

工作是我们生活中很重要的部分，但家人是我们生活中更重要的部分。没有我们，我们所在的公司可以在短短的几天里找到接替我们的人；而对家人来说则不是这样，如果失去我们，他们会感到痛苦。仔细想一想，为了工作而很久都不花时间陪伴家人真的是很不明智的。

已经退休的美国通用电气公司的前CEO杰克·韦尔奇很注重陪伴家人。在担任通用电气公司CEO期间，他就经常在百忙之中抽出一些时间陪伴妻子和孩子，因为他很清楚，家人是他生活中的重要部分。而与家人在一起，不仅能让家人开心，也能让自己获得放松和调节。

一年夏天，杰克·韦尔奇和妻子到森林游玩。他们到优美的墨享客湖山的房子里休息，房子位于海拔2500米的山腰上。

到达小屋后，杰克·韦尔奇的目光穿过森林及雄峻的山崖，转移到丘陵之间的山石，美丽的湖光山景猛然间照亮了他的心灵。

那天下午，一会儿大雨倾盆，一会儿晴空万里，他和妻子全身都湿透了，衣服贴着身子，心里开始有些不愉快，但他们彼此之间仍然交谈着。慢慢地，他们的心情变好了，整个心灵像被雨水洗涤干净了一样，觉得一切都那么清新自然。暖阳渐渐地晒干了他们的衣服，他们仍在愉快地交谈着。

谈着谈着，他们都归于静默了。周围的环境太安静了，他们用心感受着周围的安静。森林绝对不是安静的，那里有千千万万的生物在活跃着，大自然用自己的身体孕育了万物，但她的动作却是如此和谐平静，永远听不到刺耳的喧哗。

在那个美丽的下午，大自然用那个母亲般的双手抚平了他们心灵上的焦虑、紧张，使一切归于平和。

与家人共度一段美好的时光使得杰克·韦尔奇得到了全身心的放松，让他能够有更充沛的精力投入到工作中去，更高效地处理通用电气公司的事务。

对我们来说，与家人在一起是我们应当履行的义务。平时无论多忙，周末你都应该推开一切事务，专心地陪父母和孩子共享天伦之乐。这么做不仅能让父母和孩子开心，也能让你转换心境，换个心情体会生活。

每个晚上，只要不出现紧急情况，你都应尽量早些回家，帮家人做做家务，给孩子讲讲故事。

另外，你还可以在家里养许多你和家人都会喜欢的东西：鲜花、金鱼、小狗等。

在家里，你还应掌握一定的技巧和方法，懂得如何与家人更好地相处。

（1）要清楚地对他们表达你对他们的关心。

每个人都想避免家人之间的不和谐，但事实上，我们在交流过程中常常无法把自己实际想表达的意思说清楚，甚至根本就没有说出来，这会使家人之间产生隔阂。因此，我们要学会说话的技巧。家人之间有时会过于敏感，所以尤其需要清楚地阐述自己的意图。

（2）要体贴对方的感受。

每个人都渴望与亲人保持密切的联系，但与之矛盾的是，有时如果与亲人关系太密切，我们的自由就会受到限制，这会让我们有一种被束缚的感觉。"不要告诉我该怎么做，不要想控制我。"这是家庭成员间常见的一种抗议。我们中的大多数人都会把别人干涉我们的自由看作一种控制，却很少想过对方或许只是想和你多加联系。相互体会对方的感受和感情，家庭才能更和睦。

（3）直截了当地提要求。

有时你虽然是和亲人交谈，但也会觉得好像在跟一个陌生人说话，年龄和性别差异都能造成这种可怕的隔阂。所以，你可以直截了当地跟他们提出要求。

学会与家人交流的方式与方法，认识到家人谈话的精妙之处，才能消除谈话造成的一些不必要的误会，帮助我们不断地改善生活中最重要的关系。

在与家人相处的时候，你需要掌握与他们沟通的技巧，使得自己的家庭生活永远和睦、幸福。

（1）创造交谈的机会。

每星期抽出一些时间陪伴家人，这段时间是很重要的。如果你发现你一直待在车上，从一个城市飞奔到另外一个城市，那么，你就应适时地抽出一段空闲时间通过电话与家人进行沟通。

（2）坚持家庭聚餐。

除了要简单地向家人描述自己这一天的活动，你还要坚持经常参加家庭聚餐。你可以把它变成孩子们渐渐开始喜欢的习惯性的家庭活动，在餐桌上分享每个家庭成员的生活经历是一个不错的主意，它会让你与家人之间的关系越来越好。

（3）和你的孩子们进行个人约会。

如果你已经成家立业，并且有了孩子，你就要知道，多花时间和你的孩子单独在一起可以让他们感觉到自己的重要性。年龄大一些的孩子可能会喜欢去餐厅吃比萨或者冰激凌，年龄小一些的孩子则喜欢去超市买一些零食吃。当你空闲的时候，可以带他们去餐厅吃个比萨或带他们去逛逛超市，买一些他们喜欢的东西。

（4）记住以倾听为主。

当你试着增进亲情关系的时候，你要明白，倾听比诉说重要得多。因此，当你和家人精心沟通时，要善于倾听。有时候，当你将一些消息告诉父母的时候，父母的第一反应是满腹牢骚，尤其是听到不好的消息时。要尽力避免父母产生这种反应，而且，如果你在孩子面前说错话了，应该及时地道歉，并向孩子保证今后一定先倾听他们的话语然后再做出判断。

（5）利用好高科技。

如果你家里有电脑，不要只把电脑当成娱乐的工具，你可以每月为家人制作一次家庭时事，记录一下这一个月来每个家庭成员发生的事情，然后打印出来，交给他们。你还可以建立一个家庭博客，专门记录家里发生的事情。

6.知足者才能常乐

人，饥而欲食，渴而欲饮，寒而欲衣，劳而欲息。幸福与人的基本生存需要是不可分离的。人们在现实中感受或意识到的幸福，通常表现为自身需要的满足状态。人的生存和发展的需要得到了满足，便会产生内在的幸福感。幸福感是一种心满意足的状态，植根于人的需求对象的土壤里。

然而，很多人都希望自己拥有的更多一些，总是没有满足的时候。

民间流传着一首《十不足诗》："终日奔忙为了饥，才得饱食又思衣，冬穿绫罗夏穿纱，堂前缺少美貌妻，娶下三妻并四妾，又怕无官受人欺，四品三品嫌官小，又想面南做皇帝，一朝登了金銮殿，却慕神仙下象棋，洞宾与他把棋下，又问哪有上天梯，若非此人大限到，上到九天还嫌低。"

这首诗将那些贪心不足者的恶性发展描写得淋漓尽致。物欲太盛造成的灵魂变态就是永不知足，没有家产想家产，有了家产想当官，当了小官想大官，当了大官想成仙……精神上永无宁静，永无快乐。

在陕西南部山区有一位还未脱贫的农民，他住的是漆黑的窑洞，吃的是玉米、土豆，家里最值钱的东西就是一个盛面的柜子。可他整天无忧无虑，早上唱着山歌去干活，太阳落山又唱着山歌走回家。别人都不明白他整天乐什么。他说："我渴了有水喝，饿了有饭吃，夏天住在窑洞里不用电扇，冬天热乎乎的炕头胜过暖气，日子过得美极了！"

这位农民物质上并不富裕，但他却由衷地感到幸福。这是因为他没有太多的欲望，从不为自己欠缺的东西而苦恼。与这个农民相反的是一个卖服装的商人。这个商人有很多钱，但他却终日愁眉不展，睡不好觉。细心的妻子对丈夫的郁闷看在眼里，急在心上。她不忍丈夫这样被烦恼折磨，就建议他去找心理医生看看，于是他前往医院去看心理医生。

医生见他双眼布满血丝，便问他："怎么了，是不是受失眠所苦？"

商人说："是呀，真叫人痛苦不堪。"

心理医生开导他说："别急，这不是什么大毛病！你回去后如果睡不着就数数绵羊吧！"

商人道谢后离去了。

一个星期之后，他又出现在了心理医生的诊室里。他双眼又红又肿，看起来更加颓丧了，心理医生非常吃惊地说："你是照我的话去做的吗？"

商人委屈地回答说："当然是啊！都数到3万多头了！"

心理医生又问："数了这么多，难道还没有一点睡意？"

商人答："本来是困极了，但一想到3万多头绵羊有多少毛呀，不剪岂不可惜？"

心理医生问："那剪完不就可以睡了？"

商人叹了口气说："但头疼的问题又来了，这3万头羊的羊毛所制成的毛衣，现在要去哪儿找买主呢？一想到这，我就睡不着了！"

这个商人就是生活中高压人群的真实写照。他们被种种欲望驱赶着跑来跑去，疲乏至极，每天睁开眼睛想到的是金钱，闭上眼睛又谋划着权力，日复一日，年复一年，这样的人怎么会享受到幸福呢？

有些欲望是自然而必要的，有些欲望是非自然而不必要的，前者包括面包和水，后者就是指权势欲和金钱欲等。人不可能抛弃名利，完全满足于清淡生活，但对那些不必要的欲望，至少应当有所节制。

晋代陆机在《猛虎行》中写道："渴不饮盗泉水，热不息恶木荫。"讲的是在诱惑面前的一种放弃、清醒。

在中国的人文精神里，是轻"物质"而重"精神"的，即古人所说的"人禽之辨"。但到了21世纪，世界似乎发生了颠倒性的变化，到处充斥着一种共同的东西，那就是欲望：权力的欲望，金钱的欲望……欲望铺天盖地，控制着我们，支配着我们，令我们身不由己。渐渐地，我们被物化、被异化，在背离人生意义的道路上越走越远。

佛家劝解世人："饥则食，渴则饮，困则眠。"现世的人却不是如此，他们争先恐后、贪婪地追逐着比别人多的金钱、比别人高级的汽车、比别人豪华的住宅……

俄国作家托尔斯泰写过一篇故事：

有个农夫，每天早出晚归地耕种一小片贫瘠的土地，但收成很少。一位天使可怜农夫的境遇，就对农夫说，只要他能不断往前跑，他跑过的所有地方，不管多大，那些土地就全部归他所有。

于是，农夫兴奋地向前跑，一直跑、一直不停地跑。跑累了，想停下来休息，但一想到家里的妻子儿女需要更大的土地来耕作、赚钱，他便又拼命地往前跑。

农夫跑得上气不接下气，实在跑不动了，但他又想到将来年纪大了，可能乏人照顾，需要钱，便又打起精神，不顾气喘不已的身子继续奋力向前跑。

最后，他体力不支，倒在地上，死了！

古代波斯诗人萨迪曾说过，贪婪的人，他在世界各地奔走。他在追逐财富，死亡却跟在他背后。

人活在世上，必须努力奋斗，但当我们为了自己、为了子女、为了有更好的生活而不断地"往前跑"、不断地"拼命赚钱"时，也必须清楚什么时候"该往回跑"。

测试：你的生活状态怎么样

一个生活状态非常好的人，必定是一个善于节省时间、利用时间的人。根据下面的测试题，检测一下自己的生活状态，看看自己的生活状态怎么样。

(1) 你每天睡几个小时？

　　A.至少8个小时

　　B.把工作做完了才睡觉

　　C.常常熬夜甚至通宵

(2) 朋友约你去参加一个聚会，你会有什么反应？

　　A.太好了，我马上过去

　　B.我更愿意待在家里睡觉

C.下次吧，我还有许多工作要做

（3）你会经常觉得自己的时间不够用吗？

A.不，我觉得自己的时间够用，有时候还会觉得很宽松

B.我觉得有时候不够用，但不是经常

C.我的时间经常不够用，真希望一天能够当成两天用

（4）你会失眠吗？

A.几乎不失眠，总能平静地入睡

B.有时候会失眠，因为一些烦心的事情

C.常常会因为一些小事失眠

（5）你觉得你的牢骚变得越来越多了吗？

A.不，我很少抱怨

B.只有心情不好的时候才抱怨

C.是的，我总是觉得一些事情不尽如人意

（6）你做事的时候，是否经常没有精神，常常有莫名的火气，却不知如何发泄？

A.不，我脾气很好，几乎不发火

B.有的时候我会觉得没精神，想发火却没有精力发作

C.是的，我常常觉得没有精力做事情，想发火却没精力

（7）你上一次与家人待在一起是什么时候？

A.我天天回家

B.我隔几天才回家一次

C.已经有很长一段时间了

（8）你觉得总是有事情需要你做吗？

A.不，我不需要那么操心

B.有时候我这么认为

C.我总觉得自己有好多事情要做，总觉得做不完

(9) 你闹小毛病的频率比以前高吗？

　　A.不，我很少有这样的情况发生

　　B.好像跟以前差不多

　　C.对，我常常觉得身体不适

(10) 你向往宁静的田园生活吗？

　　A.不，我更喜欢现在的生活

　　B.有时候会这样想

　　C.对，我很想过那种宁静悠然的生活

(11) 你做过健康体检吗？

　　A.从没做过

　　B.做过，而且每年一次

　　C.3年前做过一次

(12) 你靠喝茶（咖啡、保健饮料）来提神吗？

　　A.我从来不靠这类东西来提神

　　B.只有感觉到疲惫的时候才靠它们来提神

　　C.对，我几乎每天都喝

(13) 你是否感到情绪有些抑郁，喜欢对着窗外的天空发呆？

　　A.不，我更愿意关注眼前的事情

　　B.我觉得累的时候会这样

　　C.对，我很想像鸟儿一样自由飞翔

(14) 你感觉自己的记忆力有所下降吗？

　　A.没有，我觉得自己的记忆力非常好

　　B.有时候，我觉得自己的记忆力没有以前好了

　　C.我常常觉得自己越来越迟钝了

(15) 看到自己最喜欢吃的菜，你的反应是：

　　A.很高兴，开怀大吃

B.吃一点点，只有这个时候才有食欲

C.没有胃口，吃什么都味同嚼蜡

（16）你一般怎么安排你的周末？

A.美美地睡个懒觉，然后去逛街

B.只有特别高兴时才会出门

C.很少休息，大部分时间在加班

（17）你的身体健康状况如何？

A.棒极了，我觉得精力充沛

B.还好，不觉得有什么不对

C.很糟，春秋流感一来，我总会中招

（18）如果用1~10给你的生活压力打分，你的压力指数是：

A.1~2分：从不给自己任何压力

B.3~5分：生活得张弛有度

C.6~10分：天天忙得四脚朝天

（19）近段时间，朋友们对你的评价怎样？

A.像以前一样开朗

B.时好时坏，脾气不稳定

C.脾气暴躁，火气特别大

（20）近几年来，你的体重变化大吗？

A.没有，我的体重几乎没变过

B.还好，没有特别注意过

C.挺大的，老同学都快认不出我了

评分方式：选A，0分；选B，2分；选C，4分。

如果你的得分在28分以下：

你生活得很健康，几乎可以给你的生活状态打满分。尽管生活十分忙碌，但你总能把事情安排得有条不紊。你的日子过得十分惬意，为生活奔波，也没忘记享受生活。不过，如果你正处在年富力强的阶段，应该适当给自己一些压力，把生活的重心转到事业上来，让自己做出更大的成绩。

如果你的得分在28~52分：

你的生活状态良好。尽管有时候会感觉力不从心，但总体上你还能应付过来。大多数时候，你的生活井然有序，但一旦有紧急的工作任务，你的生活就会变得一团糟。你需要好好审视自己，弄清楚为什么你应付不了突发状况。增强对于危机的应付和处理能力是你目前需要做的。

如果你的得分在52分以上：

你的生活状态十分糟糕。也许你在事业或工作上取得了不菲的成就，但换来的却是疲倦的身心。也许你还没有意识到，工作压力已经严重影响到了你的生活。你需要认真地问自己：目前这种生活真的是你理想中的生活吗？如果你不想等到被压力击垮的时候再后悔莫及，那就赶紧从现在开始，调整自己的生活状态，让自己回归到正常的生活秩序中。